斎藤一人と
みっちゃん先生が行く

みっちゃん先生
Micchan Sensei

KKロングセラーズ

はじめに

一人さんのナゾの言葉、「ウサギには、ウサギの勝ち方があるんだよ」

こんにちは！……みっちゃん先生です。

「先生」とはいうものの、私は先生ではありません。

私は、アノ日本一の大金持ち、斎藤一人さんが創業した『銀座まるかん（創業当時は銀座日本漢方研究所）』の販売代理店、『みっちゃん先生商店』という会社を経営している商人です。

ただの商人である私が書いた、つたない文章が本となり、そして、この本を通じて、みなさんと出会うことができました。言葉ではいい表しようのない喜び、感謝の思いで、胸がいっぱいです。

私にとって、これは奇跡です！

私は、ごく普通の家庭に生まれ育った、まったく普通の人でした。いいえ、むしろ、落ちこぼれだった、といったほうが正しいのかもしれません。

子どもの頃の私は、

「こんなことをしたら、怒られるんじゃないか」

と、大人たちの顔色をうかがいながら過ごしてきました。

社会に出てからも、しばらくの間は、

「自分は何もできない人間なんだ」

と、思い込んでいました。

ところが、そんな私に、あるとき、一人さんがこういってくれました。

「みっちゃん、アタマが悪い、あれができない、これができない、って、自分を苦しめるのはやめたほうがいいよ。

みっちゃんは、ウサギなんだ。だから、そのままでいいんだよ。

ウサギは、トラみたいなキバをもってない。だけど、ウサギは、逃げるための耳と足をもってる。

だからね、ウサギは、トラのように生きる必要はないんだよ。成功するのに、知恵を出す必要なんてない。何か特別な才能も必要ないからね。ちょっとだけ、いいこと教えてあげる。ウサギには、ウサギの勝ち方ってモンがあるんだ……」

以来、私は一人さんから〝ウサギの勝ち方〟を教わり、自分で自分の会社を経営するようになり、そして今、ここにいます。

昔の私のように、「自分は何もできない人間なんだ」と思っている人たちに、一人さんから教わった〝ウサギの勝ち方〟を伝えるために。

みなさんが、顔をあげて、自分の人生を切り開いていく勇気を、ほんのちょっとだけ、後押しするために。

その機会を与えてくれたKKロングセラーズ、そして、執筆に際してアドバイスをくれた平田美保さんと道井さゆりさんに心より感謝いたします。

みっちゃん先生

2章 〝ダメの壁〟に穴が開く……37

3章 みっちゃん先生、黄金の鎖をつかむ！……61

4章 幸せになるのは不幸になるよりカンタン……85

5章 "1%の努力で99%うまくいく" 魔法みたいな方法

本文イラスト／ふじいかずえ

斎藤一人とみっちゃん先生が行く

●編集協力

平田美保

アーバンサンタクリエイティブ……道井さゆり

1章

私はおミソな「みっちゃん先生」!

〝いいこと〟を足していけば、人生が今より、うんと、楽しくなるよ

私が「みっちゃん先生」と呼ばれるようになったのは、経営者になるずっと前。今でいうフリーターに毛が生えたような日々を送っていた頃のことです。

「これからオレ、みっちゃんのこと『みっちゃん先生』って呼ぶよ。〝みっちゃん〟って、親しみがあって、いい名前だけど、〝先生〟って、尊敬されてる感じがあっていいじゃない？

いい言葉同士くっつけて、『みっちゃん先生』って呼べば、人生が今よりも、うんと、楽しくなる……かもよ」

そういってくれたのが、私が小さいときから慕っていた、近所のやさしいお兄さん、そう、アノ斎藤一人さんです。

「人生が楽しくなる……かもよ」

といった一人さんの言葉通り、私の人生は、まさに「劇的」といっていいほど、楽しい人生になりました。

自分の会社を持つようになってからも、特約店の方や会社のスタッフが、私を「みっちゃん先生」と呼んでくれ、大いに盛り立ててくれています。買い物のときに『みっちゃん先生商店』の名前で領収書をもらうと、お店の人が笑ってくれます。

でも、一人さんが私にくれたのは、「みっちゃん先生」という名前だけではありませんでした……。

私が一人さんと出会ったのは、私がまだオムツをしていた頃。

一人さんが、オムツをしていた頃の私を知っているというので、人にはそういうのですが、私自身は当時のことは覚えていません。

「一人さん」という存在をちゃんと認識できるようになったのは、私が幼稚園に入る少し前ぐらいからでしょうか。私と姉がたまに遊びに行っていた、いとこのウチに、当時まだ中学生だった斎藤一人少年がいました。一人さんは、いとこの友だちで、しょっちゅう遊びに来ていたんです。

一緒に何かをして遊んだというわけではないけれど、一人さんの周りには、いとこをはじめ友だちが何人もいて、いつも笑いが絶えなくて、楽しそうでした。

✽人間って誰でも光をもって生まれているんだよ

私は、そんな様子を見て、幼心に、

「このお兄ちゃんがいると、すごく楽しいな」

と感じていました。だから、時々、いとこのウチに遊びに行くと、

「一人さん、今日は来ないのかな」

とか思いながら、ワクワクしたり……。

何がおもしろくて、何が楽しかったか、ということは明確に思い出せないのですが、そういう印象だけは、今も深く心に残っています。

はっきりとした記憶として思い浮かぶのは、やはり、もの心がついてから。

たまに、いとこのウチや近所で会う程度でしたが、一人さんは相も変わらず「おもしろくて、楽しいお兄さん」で、必ず何かしらの本を持っていました（なぜか、いつも右手に持っていた）。

それから、一人さんと会うたびに、不思議に思うことがありました。それは、一人さんがいつもキラキラ光っていた、ということです。

ＵＦＯではないけれど、遠くから光る物体が近づいてきて、目をこらして見ると、「あっ、一人さんだ！」

という感じ。今にして思えば、あの光こそ、まさしく人間の放つオーラというものなのでしょうが、あの頃の私は、そんなことなど知るよしもありません。

「金のネックレスでもつけてるのかな？　それとも、金歯でも入れているのかな？」

と思い、一人さんの身の回りをチェックするのですが、それらしいものが何も見当たらず、不思議でたまりませんでした。

「どうして、一人さんはキラキラしてるの？」

あるとき、私がそう訊ねると、一人さんはちょっと照れながらこういいました。

「そうかい？　ありがとう。でも、人間って誰でも、光をもって生まれているんだよ。みっちゃんだって本当はもってるんだけど、その光は、まだ子どもなの。でも、大丈夫だよ、いつもニコニコしてれば、勝手に大きくなってくるから。それまで楽しみに待ってるといいよ」

「ふぅーん、そうなんだ。じゃあ、楽しみに待ってるよ」

あれから幾年もの時間が流れた今、自分がキラキラした光をまとった人間になっているかどうかは、私にはわかりません。

でも、一人さんの言葉を探照灯《たんしょうとう》として人生を歩いてきた道中、いたるところに大勢の人の愛があり、感動を発見しました。その愛と感動が、私の心をキラキラ照らし、成功に導いてくれたことは確かです。

＊いつも元気で、明るい笑顔してて、キミは本当にいい子だね

私には、ちょっとヘンテコリンなクセがあります。それは、人をほめたがる、というクセです。

このクセは、もって生まれたものではありません。だけど、意識的に身に付けたものでもありません。

知らないうちに、一人さんに〝ほめたがり菌〟を植え付けられてしまったのです。

私には、五歳年上の姉がいるんですが、この姉が小さい頃から、賢くて、しっかり者。家でも、近所でも、学校でも、ほめられるのは、決まって姉でした。

一方の私はというと、これがまた〝よくある話〟というやつで、姉とは対照的。自分でいうのも何ですが、おミソな子どもだったんです。当然、周りから、ほめられた

ことがありませんでした。

ところが、一人さんだけは周囲の人と違いました。

私が道端で、普通に遊んでいるだけなのに、

「やぁ、みっちゃん。いつも元気で、明るい笑顔してて、キミはいい子だね」

お客さんには座布団を出すものだ、と親にいわれてきたので、一人さんへ座布団を差し出しただけの私に、

「みっちゃんは、やさしくて、よく気がつくね。ホント、キミはいい子だよ」

こんなふうに、特別がんばってるわけではなく、ごく普通にしている私を、なぜか、一人さんは、

「みっちゃんは、エライね。いい子だね」

と、ほめてくれるんです。

私は「ほめられた」という経験がないだけに、最初のうちは
「どうして一人さんは、こんな私のことをほめてくれるんだろう……」

と、不思議でしかたがありませんでした。

誰でもみんな何かしら〝いいとこ〟あるんだよ

「一人さん、私、何もエライことしてないのに、どうしてそんなにほめてくれるの？」

あるとき、勇気を出して、そう訊ねると、一人さんはニコニコしながらこういいました。

「ゴメンな、みっちゃん。オレ、そういう性格なんだよ。だけどね、人間って、みんな何かしら〝いいとこ〟あるんだよ。それを探してるとね、楽しいんだよ」

「ふぅーん、そうなんだ」

とりあえず、そういったものの、自分のどんな〝いいとこ〟がほめられているのかが、私には全然わかりませんでした。ただ、めったにないことが、私にはうれしくてしかたがなかった。

「〝いいとこ〟なんて何もない私のことを、認めてくれる人がいる」

そのうれしさが、私の心に植え付けられた〝ほめたがり菌〟を育ててしまったんです。そして、子どもながらも、

「おミソな自分だけど、人をほめて喜ばせることはできる」

そう考えた私は、人をほめることが大好きになってしまいました。

でも、あの当時、自分が本当に「ほめる」ということを理解していたんだろうか、ということを考えたとき、ちょっと違うかなぁ、とも思うのです。

というのも、私は、肝心な人をほめることができなかったからです。その〝肝心な人〟とは、誰かというと……。

実は、何を隠そう、私自身のことでした。

泳げないこともプラスなんだよ

小さい頃から周囲の人々にほめられる姉と、一人さん以外の人からは、ほめられたことがない私。その差は、成長するにつれて大きくなっていきました（正確には、私が勝手にそう思い込んでいただけだったんですけどね）。

中学・高校と、私は姉と同じ私立の女子校に通っていましたが、姉は常に学年で三番以内にいる、成績優秀者。私はもちろんドン尻で、学校の先生や先輩たちから、

「あなたのお姉さんは、あんなにスゴイのに、あなたは……」

という趣旨のことをいわれ、

「私って、やっぱりバカなんだ」

と思うようになって、段々と萎縮してきました。そのわりには、成績優秀な姉が私

には誇らしく、自慢のタネでもありました。だから、一人さんに会うと、いつも姉の自慢話をしていたのです。

ところが、ある日のこと。一人さんは、こんなことを私にいいました。

「みっちゃん、お姉ちゃんのことをほめるのもいいけれど、たまにはみっちゃん自身の自慢話も聞きたいな」

私は、ギクッ、としました。自分自身のことで、人に自慢できることなど、何もなかったからです。

「私はアタマが悪いし、何をしてもダメなんだ。私の話って別に……。ウチの学校は女子校だからね、女の子同士スカートめくりするとか、そういう話題しかないんだ」

私がそういうと、一人さんは、

「楽しいことしてるじゃん、みっちゃん。男同士でそんなことしたらヘンタイ扱いだし、男が女性のスカートめくったらタイホだよ。いい特権もってるね、みっちゃんは」

「ふぅーん、それって自慢になるんだ。自慢っていうのは、ウチのお姉ちゃんみたく、アタマがいいとか、そういうことだと思ってた」

私がそういうと、一人さんはちょっと真面目な顔をして、こういいました。

みっちゃん、キミは〝いいとこ〟いっぱいもってるよ。今は気がついてないけれど、そのうちわかるよ。

余計なおせっかいでゴメンね。みっちゃんも、周りの人たちも、アタマが悪い、何ができない、かにができない、っていうけれど、できなきゃできないで、別にそんなモン、どうだっていいんだよ。

たとえばの話だけどね、泳げなきゃ浮き袋があればいいし、ヘンな話、海に入らなきゃいいんだよね。

それでさ、何ていうのかな、泳げない人のほうが、おぼれる率って低いんだよ。大概ね、泳げる人のほうが、おぼれちゃうんだ。

だって、泳げない人って、水に近づかないもん。いやいやボートに乗せられちゃったりすると、必ず目が、いの一番、救命胴衣《きゅうめいどうい》を探したりして。

だから、泳げないことはマイナスじゃなくて、プラスなんだよ。

魚で泳げないっていうのは、かなり問題があるけれど、人間は魚じゃないんだから、別に泳げなくたっていいんだよ。

他人と比較するより昨日の自分と比較した方が楽しいよ

今の話、難しかったかな？　でもね、みっちゃん、本当にそうなんだよ。

そりゃあ、世の中には学校の成績が優秀なヤツっているよ。そういうヤツは、大学行ったり、一流企業とか、大蔵省（現・財務省）みたく一流の省庁に勤めてるエリートマンになったりするんだよ。

だけど、オレみたく、学校の勉強はダメなヤツもいるんだよね。でも、オレ、ちゃんと生きてるよ。もちろん、オレは、エリートコースから、はるかかなたにいるんだよ。それは正しい見解なんだけど、それがどうしたっていうんだい？

自分はダメ人間なんだ、って考える、そのことに自分のアタマを使ってても、自分のためにはならないいんじゃないの？

だってさ、人のことをエライと思うためにアタマを使ってると、重くてしょうがないモン。

人間っていうのは、他人をエライと思うために、そのアタマをのっけてるんじゃないよ。自分のためにアタマをのっけてるんだ。オレは、そう思ってるよ。

それでね、世の中って、利用していいものがいっぱいあるの。

松下幸之助さんっていう、ある大企業の社長さんがいるんだけど、この人は小学校しか出ていないんだ。だけど、オレは中学校を出てる。ということは、世間は学歴社会だから、オレは松下さんより出世する……なんて思ったりしてさ（笑）。

まぁ、これはオレが自分の心のなかで勝手にやってる〝心のお遊び〟だから、これが正しいとか、正しくないとか、そういう話じゃないんだよ。

ただね、他人と比較するより、昨日の自分と比較したほうが楽しいよ。それをいいたかったの。

こういう話は、おいおい、わかってくるからさ、大丈夫だよ。その日が来るのを、楽しみにしてるといいよ。

＊ウサギがトラになる必要はないよ。ウサギにはウサギの繁栄のし方があるんだ

一人さんは、自分のことを「ダメ人間だ」と思い込んでいる私に、いつも、いつも、

「みっちゃんは、みっちゃんのままで、いいんだよ。心配しなくていいよ」

といってくれていました。

でも、当時の私には、どうしても、自分のままでいい、とは思えませんでした。というのも、両親や学校の先生たちから、

「こんな問題もできなくてどうするの！　もっと、しっかり勉強しないと、みんなに

置いていかれますよ」

といわれていたからです。

「学校の先生がいうことと、一人さんがいうことと全然違うんだけど、どっちが正しいの？」

正反対の意見にアタマが混乱した私が、一人さんに助け舟を求めると、一人さんはニコっと微笑んで、こういいました。

「みっちゃん、どっちが正しいかじゃないんだよ。学校の先生は、生徒に勉強を教えるのが仕事だから、そういう意見になるんだよ。だけど、オレは商人の家で育ってきたから、商人の目でものごとを考えちゃうんだ。

商人の世界じゃあ、学校の成績なんて評価の対象にならない。テストで一〇〇点取ろうが、大学を出てようが、そんなこと、お客さんには知ったこっちゃない。その人が感じいいか、悪いかが問題であって……。

みっちゃんは、いつも明るくて、愛想がいいんだよ。それは社会に出たら、絶対に尊ばれるよ、っていうことなんだね」

「ふーん、そういうものなんだ。商人の世界じゃ、学校の成績はあんまり関係ないんだ。じゃあ、いつもニコニコしてればいいんだね」

私がそういうと、一人さんは、やさしく、うなずいて、こういいました。

その通りだよ。だから、みっちゃんは、みっちゃんのままでいいんだよ。

みっちゃんは、ウサギなんだ。ウサギって、トラのようなキバをもってないんだよね。だけど、敵から逃れるための長い耳と足をもってる。

敵が来たときに、それを使っていち早く逃げるというのが、ウサギの繁栄のし方なんだよ。

だから、トラみたいに、キバ剥き出しで向かって行く必要はないんだよ。

余計なおせっかいついでに、ちょっとだけいい話、教えてあげようね。たいした話じゃないから、忘れちゃってても大丈夫だよ。学校で習う歴史も、こういう見方をすると楽しいよ、っていう話ね。

会う人を全部味方にする、これが最高の成功法則

戦国時代に、豊臣秀吉っていう人がいたの知ってるかい？　秀吉は、織田信長っていう殿さまにつかえていたんだよね。

信長は、ものすごく強い殿さまだった。信長は、天下をとろうとしてがんばってたけど、できなかった。だけど、秀吉は、信長が死んでから、あれよあれよという間に日本中を平定しちゃうんだよ。

どうして秀吉に、そんなことができたのかというとね、秀吉は敵と戦うんじゃなく、味方にしちゃったからなんだよ。

秀吉の軍隊は、敵の城を落とすために城の周りをとり囲む。そうすると敵方は、城の周りに足軽が槍なんかを持って、がんばってたんだよ。だけど、足軽のなかには、

夜中に逃げてくるヤツもいたの。

秀吉って、足軽の出だから、足軽の気持がわかるんだ。だから、逃げてきた人に対して、

「オマエら、よく戦ったな」

って、食べものをあげて、お金をあげて、

「これで、国へ帰れ」

って、帰しちゃったりするんだよ。

他の人たちは、逃げると打ち首にされちゃうと思ってるから、必死にがんばってるんだよね。

でも、秀吉軍のとこへ逃げたら、飯を食わせてくれて、お金までくれる。敵の大将にも、命も領土もそのままにしといてあげたりするんだよ。

そのことが他の軍に知れ渡ると、戦いにはならないの。血を流した挙句、命をとられ、領土がとられたりしちゃ、ワリに合わないでしょ。そうなると、秀吉の味方になっちゃうんだよ。

だからね、会う人、会う人を敵とみなして、戦う必要なんてないんだよ。自分の味方にしちゃえばいいんだよ。

会う人を全部味方にする。オレは、これが最高の成功法則だと思ってる。

会う人を自分の味方にするってね、そんな難しいことではないの。たいして、そんな知恵を出す必要もない。みっちゃんみたいに、いつもニコニコしてて、明るくて、思いやりがあればいいんだよ。

それを、誰かれ見境なく、

「知恵出せ、知恵出せ」

っていうから、おかしくなっちゃうんだ。

トラにはトラの繁栄のし方がある。

だけど、ウサギにはウサギの繁栄のし方があるんだよ。

みっちゃんは、ウサギの繁栄のし方で成功するようになっているんだ。トラになれないからって、自分を責めたり、人生をあきらめる必要はないんだよ。

2章

〝ダメの壁〟に穴が開く

人生っていうのは、その人が考えて、その人が切り開いていくモンなんだよ

世間一般によくあることですが、出来のよくない子どもだった私は、何かにつけてよく親にしかられたものです。

親にしかられても、ケロっとして、ノビノビしている子どももいれば、

「怒られるから、これはやめておこう」

と考えて、自分を律する子どももいるかと思いますが、私は後者のタイプでした。

ただし、私の場合は、それが人よりも多少行き過ぎているところがあって、

「こんなことをしたら、怒られるんじゃないか」

と、いつも親の顔色を見ながら、それに過剰に反応し、怒られないほうへ、怒られないほうへと、自分で自分の行動をセーブしていました。自分が納得するか否か、と

いうことより、親に怒られないことが行動する際の最優先課題だったのです。

そうすることで、子どもは社会のルールを身につけていく部分もありますから、一概にしかることが悪いとはいえません。ただ、私の場合は、中学生になっても、自分から率先して何かをやったり、自分が判断して行動する、ということができませんでした。

「学校を卒業したら、そこそこの会社に二、三年勤めて結婚するのが、あなたのしあわせなのよ」

こんなふうに、親が描いた人生の設計図についても、この通りに実現しないといけないんだ、と思っていました。

ただ、思春期にもなれば、それなりに自我の芽生え、要するに、反抗期というものがやってきます。さいわい、気弱な私は、親に対してあからさまに反抗するということをしませんでしたが、

「私の人生って、そんなモンなのかな？　違う生き方があるんじゃないのかな？」

と、次第に親が敷いたレールの上を歩くことに疑問を感じるようになってきました。

でも、そんなことを親にいえば、きっとしかられる。そう考えた私は、この思いを自分の心に秘めつつ、悶々とした日々を送っていました。

ところが、いつしか、自分の思いを秘めたままにしておくことが、苦しくなってきたんです。

「この思いを、誰に話せばいいんだろう……」

そう考えたとき、思い浮かんだのが、一人さんの笑顔でした。

「一人さんなら、私の話をちゃんと聞いてくれる」

そう思った私は、一人さんがいつもいる喫茶店へと、一目散に駆けて行きました。

喫茶店の前までたどりついたとき、お店のなかから楽しそうな笑い声が聞こえてきました。

「一人さんがいる。やった！　ツイてる」

息せき切って、ドアを開けると、案の定、一人さんはいつものように周囲の人たちにおもしろい話をして、笑わせていました。

「あれ、みっちゃん。今日はひとりかい？　よかったら、こっちへ来なよ」

一人さんの笑顔を見たとたん、私の口から、堰《せき》を切ったかのように、それまで溜め込んでいたものがあふれ出てきました。そして、

「一人さん、私、自分と親の判断の、どっちが正しいかがわからないんだ」

私がそういったとき、一人さんは、やさしい眼差《まなざ》しで私をまっすぐ見ながら、こういいました。

「みっちゃん、スゴイよ。自分で自分の人生を考えるようになったんだね。でもね、みっちゃん、申し訳ないけど、その答えは、キミにしかわからないんだよ。でも、大丈夫だよ、みっちゃんが『正しくて、楽しい』と思ったことをやってごらん」

「えっ、私が『正しくて、楽しい』と思ったことをやってもいいの？」

思わず尻込みしてしまった私ですが、一人さんはこんなことをいって、私の背中をポンと押してくれました。

人生っていうのは、その人が考えて、その人が切り開いていくモンなんだ。だから、みっちゃんが、やろうとしていることが正しいんじゃないのかな？

もちろん、みっちゃんの判断が間違うことはあるよ。だけど、間違ってたからって、何も問題はないよ。間違ってたら、変えればいいんであって、ね。

人生っていうのは、学校の試験と違って、「何が正しいか」を決めるんじゃないんだ。自分が考えたことを自分が行なう。すると、そこに学ぶものがある。

要するに、判断が間違ってたらどうなるのか、それを修正する方法はどうなのか、って、次にまた新しい判断が出てくるというね。

人生って、常に、これの連続なんだよ。それで、これが一番大切なことなんだ。

ただ、お父さんも、お母さんも、みっちゃんより長く生きてるから、失敗しない生き方を知っているんだよ。二人とも、みっちゃんのことが大事だから、失敗させたくないんだね。

だけど、親の判断に頼って生きてて、ある日突然、親が亡くなったときに、

「今日から、オマエの思う通りに生きてみろ」

って、いきなりいわれても、できないんだよね。

そんなことを考えると、人の判断で動いて失敗しないより、自分の判断で成功を見

つけていったほうがいいんだ、っていうのが、オレの考え方なんだね。これ、正しいか、正しくないかじゃないんだ。オレにとっては、そのほうが楽しいの。

だから、親の判断をとるか、自分の判断をとるか、それは、みっちゃんが決めないとな。大丈夫だよ、みっちゃん、自分が「正しくて、楽しい」と思ったほうへ行っていいんだよ。どっちを選んでも、キミは絶対に何かを学べる。

誰がなんといおうと、オレはそう信じてるよ。

キミは、今、がんばってるんだよ

こうやって私は、たまに会う一人さんに、ほめられたり、一人さん独特のものの見方を教わったりして、勇気づけられてきました。そうしながらも、私は淡々と、ごく普通の学生生活を送っていたのですが……。

高校時代のある時期、ふと、学校に行くのがつまらなくなってしまったのです。私の親は、わりと教育熱心なほうでしたから、当然、

「学校に行かなきゃダメじゃない。ちゃんと卒業しないと、就職できないよ」

という。私も、親がいうことは正しいことだとはわかっているのですが、でも、どうしても行く気になれない。

「学校を辞めて、他に何かしたいことでもあるの？」

と、親に問い詰められるのですが、学校を辞めてまで何かしたいことがあったわけではありません。ただ、何となく……、その程度のことです。

でも、そんなことをいえば、怒られるに違いない。だから、私は親の問いかけに答えることができませんでした。

そんな自分に対して、

「親に心配ばかりかけて、本当にダメな子どもだな」

といったりして、自己嫌悪のドツボにはまっていました。

そんなある日のこと。学校に行かず、近所をブラブラ散歩していると、偶然、一人

さんに出会いました。

「やぁ、みっちゃん、元気かい？　天気がいいうえに、みっちゃんと会えるなんて、オレはツイてるな」

一人さんのあったかい微笑みに触れ、私も思わず、微笑んでしまいました。

「私は元気だよ。元気なんだけどさ、最近、どうしたわけか、学校に行く気になれなくて。今日も休んで、こうしてブラブラお散歩してるんだ。でも、ツイてる。学校休んだおかげで、こうやって一人さんと会えたんだモン。一人さんに会うと、元気一〇〇倍になるんだ」

私がそういうと、一人さんはニッコリ微笑んで、こういいました。

「ありがとう、みっちゃん。でも、今のみっちゃんは、ただブラブラ散歩してるんじゃないよ。みっちゃんの心は、今、自分の生きる道を、一生懸命さがしてるんだよね。キミは、今、がんばってるんだよ」

私のことを見てくれている人がいる、私のことを認めてくれる人がいる。そのことが、どんなにうれしかったことか。

そのうれしさが、私の心のスイッチをONの状態にしたんですね。

「一人さん、私にも何かできることってないかな?」

私は思わず、一人さんにたずねました。

「うーん……」

一人さんは、少し考えた後、

「じゃあね、オレの行きつけの喫茶店が、今、ちょうど人手が足りなくてバイトを探しているんだけど、やってみるかい?」

「うん、やる、やる。一生懸命働きますので、よろしくお願いします」

この世に、ダメ人間っていないよ

こうして、翌日から一人さんのツテで、喫茶店のアルバイトをさせてもらうことになったのですが……。

これがまた、ハタから見てるのと、実際にやってみるのとでは、全然違いました。親のスネをかじって、のほほんと毎日を過ごしている学生の私には、喫茶店の仕事がとてもハードで、結局、三日目でギブアップ。

「私がいるせいで、足手まといになっちゃった。間に入ってくれた一人さんの信用にも傷をつけちゃって、ゴメンなさい」

私がそういうと、一人さんはニコっと笑って、こういいました。


「みっちゃん、そんなこと心配しなくてもいいんだよ。今のみっちゃんには、向いてなかっただけなんだ。

いいかい、ピラミッドって、あるだろ。あれは、一番下から石を積んでいったんだよね。上から石を積んでいくことなんてできないだろ。

だから、すべてのものは、「一」から始まるんだよ。

どんなことでも、「一」があって、「二」になる。で、その「二」は「三」になるんだ。だけど、最初は「二」からなんだよ。

だからね、みっちゃん、自分のこと、そうやって責めなくていいんだよ。それで、「二」でいいと思うんだよ。

みっちゃんは、自分のことを「ダメ人間だ」って考えてるけど、それは違う。この世に、ダメな人間っていないよ。人間って、みんな何かしら〝いいとこ〟もってる。オレはそう信じてる。

それを見つけて、伸ばせばいいんだよ。だけど、そのスタートは、やっぱり「二」からなんだよ。じゃあ、その「二」って何ですかっていうと、まずは、自分がもってる〝いいとこ〟に気づくことだよ。

それでね、世の中って、おもしろいんだけど、意外と、自分が欠点だと思ってることが長所だったりするんだよ。


「えっ、欠点が長所？」

思いがけない一人さんの言葉に、私は、ただ、ただ驚きました。

「たとえば、みっちゃん、学校で先生に怒られることってどんなことだい？」

「授業中におしゃべりばっかりして、ダメじゃない、って……」

「じゃあ、みっちゃんは、しゃべるのが得意なんじゃないか。商人の世界じゃ、それも才能なんだよ。

『遊んでばかりで』っていうのは、何か遊びを考えるのがうまいんだよ。自分が楽しくなることが好きなんだとしたら、人が何を楽しいと思うかもわかる。

社会っていうのは、学校と違う組織だからね。いつも歌ばっかり唄っていた人なんかがスナックに勤めると、すごく喜ばれるしね。

弱いものいじめをするとか、明らかに人が嫌がることをするというのは問題があるけど、そうじゃないことを『欠点だ』と思ってたら、生かしようがないよ」

人生って、何でも大切にしたものが残るからね

「すべてのものは『一』からはじまる」

という話を一人さんから聞いた私は、とりあえず学校に戻りました。そして、高校を卒業し、専門学校にも行かせてもらい、平々凡々とした毎日を送っていました。

ところが、二〇歳を過ぎた頃から段々と体の調子が悪くなってしまったんです。その頃の私は、目指していた保母さんの国家試験にも落ちてしまい、親の期待に応えられなかったことで、ちょっとした罪悪感みたいなものを感じていました。

そういう心理的なものが体にも悪影響を及ぼしたのでしょうか、ご飯も喉を通らなくなり、体重も減ってきて四〇kgを切り、動くこともままならない状態になってしまいました。夜、寝ていても、嫌な夢ばかり見て、眠れない。いわゆる「うつ」状態で

すね。

今となっては、笑ってしまう話ですが、とくにこれといった根拠もないのに、

「このまま私は死んでしまうんだわ」

と、真剣に思ったりして。でも、その一方で、

「このまま死んでなるものか」

という思いもあって、この状態を治すにはどうしたらいいのかを、私なりに考えていました。

もちろん、当時の私は、健康に関しては何の知識も持ち合わせていませんから、解決策など浮かぶわけがありません。でも、そんなとき、ふと、一人さんの顔が思い浮かんだのです。

元々、一人さんは東洋医学や食養生のことに詳しく、すでに当時からサプリメントの研究開発をしていました。また、一人さんは手相・人相を見るのが趣味で、喫茶店で仲間の手相・人相を見ていたことを知っていました。

「そうだ、一人さんに私の運命を見てもらおう。それから、一人さんに体の治し方を

聞いてみよう」

そう思った私は、一人さんのもとへ相談しに行くだけの体力を確保するために、安静に徹しました。

そして、その六カ月後。体重は回復しないものの、何とか動けるようになった私は、いとこの結婚式に出かけました。そこで、披露宴にかけつけた一人さんを発見。

一人さんは、やせ細った私を見て、

「みっちゃん、どうしたんだい。ガリガリだな。ちゃんとご飯、食べられるのかい？」

と、心配してくれました。

「こんにちは。大丈夫だよ。でも、このままだと、私、死んじゃうかもしれない。生命線はどうなってるかな？　何だか、人より短い気がするんだけど……」

私がそういうと、一人さんは私の手をとり、ニコッと微笑んでこういいました。

「うん、大丈夫。みっちゃんがそう思ってても、ゴメンね、当分の間、死ねないな。だから、心配することなんて何もないよ。でも、ひとつだけ、いっとこうかな……。

あのね、手相なんて、しょせん、手のシワだよ。シワなんかに一喜一憂することはないからね。

人生って、何でも大切にしたものが残るからね。手相なんて関係ないよ。体を大切にすれば、ちゃんと残るんだよ」

「どうやって体を大切にすればいいの？」

私がそう訊ねると、一人さんはいともカンタンに、こういいました。

「とりあえず、レバーだな」

それからの私は、毎日、レバ刺を食べました。それまでは、体のつらさばかりに意識が向かっていましたが、

「毎日、ニンニクとショウガでレバ刺を食べてる病人って、ありえないよなぁ……」

と、思いながら、自分で自分を笑ってしまうほど、心の余裕が出てきました。

世の中って、すっごいシンプルなんだよ

また、一人さんと会うときは、なぜか、一人さんが必ずステーキをご馳走してくれました。そのステーキのおいしかったことといったらありません。

「ステーキをペロっとたいらげる病人なんていないよね、アハ」

私はそういって、大笑いしながら、ステーキをいただいていました。

そんなことをしているうちに、気がついたら、私の体は治っていたのです。

元気な姿になった私を見て、一人さんは、こんなことを私に話してくれました。

毎日、ニンニクとショウガでレバ刺食って、ステーキ食ってる「うつ」の人っていうのは、考えづらいんだよね。考えづらいってことは、起きないんだな、ハハハ。

だから、大概のことは、「この組み合わせは考えられない」っていう組み合わせにしちゃうと、なくなっちゃうんだよ。要するに、似合わないことをやっちゃうという。ほとんどの人は難しいことを考えるけど、世の中って、本当はすっごいシンプルにできているんだよ。

どっか体の具合が悪くて、「あそこが悪くて、ここが悪くて」っていう人もいるけど、「いや私は元気ですよ、こんなモンで十分です」とかいってる、そんな強気な病人って珍しいんだよ。それで、そういう人って、たいてい治っちゃうんだよ。

それでね、病気っていうのは気が患う。弱気になると病気になりやすくなるんだけど、強気になれば勝手に治っちゃうものなんだよ。

病院で治療を受けるな、ということじゃないの。病院に行きながら強気で生きていけばいいだけのことであってさ。

だからさ、人間っていうのは、何でも利用すればいいんだよ。

「強気になれば勝手に治っちゃう」

一人さんにそういわれて大笑いしたものの、私は少し心配になりました。というのも、私は弱気な人間だったからです。

「一人さん、私、強気になれないんだけど、この先、大丈夫かな？」

私がそういうと、一人さんはこういいました。


みっちゃん、人間はどっちにでもなれるんだよ、カンタンにね。

「なかなか強気になれないのよ」って、キミはいうけど、人は誰でも、強い気持でいるときもあれば、弱い気持でいるときもあるんだよ。

じゃあ、どうしたら強い気持になれるんですかっていうとね、強気って、少しずつ強気になってくると、どんどん、どんどん強気になってきちゃうものなの。

それで、弱気っていうのは、何ていうの？　周りに弱気の人が多いんだな。そうすると、何でも「弱気のほうがいいんだ」ってなる。

頭引っ込めてればいいんだとか、目立っちゃいけないんだとか、いわれてると、それがいいような気になっちゃうんじゃないかな？

そんなことを周りじゅうからいわれてるから、強気になれない気になっちゃう。ただ、それだけなんじゃないの？

だけど、強気になるのに、周りなんて関係ない。不思議なんだけど、自分が強気のほうがいいと思ってれば、どんどん強気になるんだよ。

嫌な思い出も、やがて宝になるよ

一人さんにそういわれて、私は、周りからおミソ扱いされ、姉と比較され、自分を縮ませながら生きてきたことを思い浮かべました。

そのとき、一人さんは私の心のなかにある思いを察知したかのように、こういいました。

「みっちゃん、そんなことを思っていると、みっちゃんのご両親も気の毒だけど、自分がかわいそうだよ」

そして、「周りのせいだ」と思っている私に、やさしい口調でこんなことを語りはじめました。

みっちゃん、ちょっとだけ、いいこと教えてあげよう。

世間の人は、未来は変えられるけど、過去は変えられない、っていうんだよな。済んでしまったことは、どうしようもない、って。ところが、実はそうじゃない。

過去は変えられるんだよ。

人間って、今、目の前に起きている現象、過去から学ぶんだよ。そのために、いろんな経験をするんだ。自分の経験から学んで、学んでって、学びグセをつけたとき、

「あのとき、ああだったから、今、こういうふうによくなったんだ」

って、思えるときがくる。しあわせだな、って思えるときがくる。

今のみっちゃんには、まだ、わかんないかもしれないけれど、そのうちわかる日が

くるよ。だって、人間はしあわせになるために生まれてきたんだから。しあわせになるために生まれてきたんだから、不幸になるほうが難しいの。大丈夫、みっちゃんは、しあわせな人生を送れるよ。みっちゃんが体験した嫌なことは、必ず、みっちゃんの宝になるよ。

＊つらいとき、苦しいときこそ一緒なんだよ

私は、一人さんが語った言葉の意味がよく理解できませんでした。そのことが私の顔に出ていたのでしょう。最後にこんな話をしてくれました。

今の話、ちょっと、わかりづらかったね、ゴメン。じゃあ、オレが好きなおとぎ話をしてあげよう。

ある男の人が、海辺でぼんやり空を見上げてた。そのとき、いろんなことを思い出したの。自分が歩いてきた道を眺めたとき、二つの足跡があった。男の人は、

「ああ、オレは、いつも神さまと二人で歩いていたんだ」

と思った。ところが、自分がつらいとき、困ったときは、道に残る足跡がいつもひとつになる。男の人はこう思った。

「ああ、このときは神さまがいなかったんだ」

それで、いいときは、足跡がまた二つになる。そのとき、男の人は、神さまに向かってこういった。

「神さま、なぜ、私がつらいとき、苦しいときに、私をお見捨てになったんですか?」

すると、天から神さまの声が聞こえてきた。

「子よ、それは違う。おまえが苦しみ、悲しんでいるとき、私はおまえを背負って歩いたんだ。だから、足跡がひとつなんだよ」

3章

みっちゃん先生、黄金の鎖をつかむ！

顔に×ができてる人は、×なんだよね

体のほうはすっかり回復したものの、私は自分の心にある、わだかまりを解消できずにいました。自分が何に向いているのか、どうしたらしあわせになれるのか、という疑問に対して、具体的な答えを見つけられなかったのです。

ただ、漠然としたイメージだけは持っていました。どんなイメージかというと、私が幼い頃、一人さんを見て、

「あっ、キラキラ光ってる」

と、思った、あの〝キラキラ〟です。

幼かった頃の私は、あの〝キラキラ〟は一人さん独特のものだと思っていたのですが、一人さんの行きつけの喫茶店に頻繁に出入りするようになってから、そうでない

ことに気がつきました。

その喫茶店では、いろんな人が一人さんを囲み、一人さんの話を聞いて楽しそうに笑っていたのですが、そのなかに、キラキラしている人たちがいたんです。

その人たちが、今、同じ『まるかん』の仕事をしている社長さんたち。いわゆる、一人さんの〝一〇人の弟子〟で、私の大切な仲間です。

ですが、当時は、それぞれ別の仕事をしていましたし、私も仲間にしてもらえるとは思っていませんでした。その頃の私は、単なる傍観者。

「いいなあ、あの人たち、一人さんみたくキラキラしてる。私も、どうしたら、あの人たちのようにキラキラできるのかなぁ」

と、うらやましがっているだけだったのです。

ところが、ある日のこと。いつものように例の喫茶店に顔を出したとき、誰かと一人さんがしているこんな会話を耳にしました。

「斎藤さん、最近、また何かおもしろいことはじめたんだって？『心が少しだけ豊かになる会』を作ったとか」

「そう、そう。でも、内容を知るとガッカリしちゃいますよ。『笑顔で、愛のある言葉をしゃべりましょう』って、いってるだけの集まりだけですからね。最初は、専門学校時代の友だちと二人で、それをやってたんですよ。だけど当たり前のことを当たり前にやるのもつまらないんで、オレが師匠ということになって、友だちが弟子ということにしてね。スゴイ、おごそかでしょ、ハハ」

「あきれるよ、ホント、冗談が好きなんだモンな、斎藤さんは……ハハ」

「いいでしょう。でも、ジョークがわかる人が何人か集まって、ワイワイ楽しくやってるんだよ、ハハ」

二人の会話を横でコッソリ聞いていた私は、「心が少しだけ豊かになる会」に興味を持ちました。というのも、

「ワイワイ楽しくやってる」

といった、一人さんの顔が本当に楽しそうだったからです。

二人の会話が終わって相手の方が喫茶店を出て行った後、私は一人さんにこう訊ね

ました。

「一人さん、さっき話してた『心が少しだけ豊かになる会』って何？」

そういうと、一人さんは、

「おもしろくない話だよ。それでもいいなら……」

といって、こんな話をしてくれました。


みっちゃんは占いが好きだったね。じゃあ、人相学的な話でもしようか。

笑うと、目が、こう、ちょっと下がって、口の角が上がったとき、顔に◯ができるんだ。

その一方で、いつも怒っている人というのは、眉毛が吊り上がって、口がへの字になります。すると、顔に×ができるんだな。

顔に×ができたまま、開運招福、商売繁盛、千客万来、といったところで、顔が×なんだから、×でしょ、ってことになるんだ。学問的でしょ（笑）。

それで、愛のある言葉っていうのはね、聞くと難しそうな感じがするんだけど、た

とえば友だちに〝いいこと〟があったら、

「よかったね」

っていうとか、思いやりのある言葉をいうとか。まぁ、平たくいうと、グチとか、泣き言とか、イヤミとか、それをやめましょう、っていうことなの。

人のことを怒鳴ってて、「これも愛だ」っていう人もいるんだけど、怒鳴られている人は愛を感じられないことって多いんだよね。相手が愛を感じてないのに、それを「愛だ」といい張るのって、強姦と同じだからね（笑）。

それで、愛のある言葉をしゃべるんだ、っていっててもさ、顔が怒ってたら、相手は怖いんだからさ。怒った顔して、愛のある言葉をしゃべっても、何にもならないんだよ。

だから、笑顔で、愛のある言葉をしゃべる。

これが、心を少しだけ豊かにすることで、それの訓練を何人かの仲間としてるんだ。この訓練は楽しいゾー。何で楽しいかって、願いごとが何でも叶うんだよ。

＊人を救うのは人間なんだよ

この話、ちょっと聞くとあやしい話なんだけど、まぁ、いいや、勢いで話しちゃうよ。みっちゃんが好きなように解釈してくれていいからね。

あのー、観音さま、っているじゃない？　観音さまっていうのは、草でも木でも何でも救うんだ、っていうんだよ。それぐらい、愛のある人なんだけど、でも、観音さまは自分ではその愛を表現できない。観音さまが困ってる人に対して、実際に自分の手を差し向けることはできないんだよ。

じゃあ、誰が救うんですか？　っていうとね、人間なんだよ。

オレ、この前、観音参りの旅をしてきたんだ。そのとき、足が痛くなって、道端でしゃがんでた。そしたら、通りがかりの、おじいさん、おばあさんが、オレの足をさ

すって、

「大丈夫ですか、痛かったでしょ」

って、やさしくしてくれたんだ。

ああいう人たちのことを、観音さまの化身という。要するに、観音さまの代わりにその愛を実践している人のことさ。

そういう心のやさしい人間が、観音さまの役に立つ人なんだよ。

それでさ、ちょっと話が飛ぶけど、会社に行って会社の役に立つことをした人には、社長さんからお給料という形でお礼がくるでしょ。それから、商人だと、お客さんに役立つ商品を提供したら、お客さんからその代金という形でお礼をもらえるんだよね。

それでね、観音さまは、自分の愛を形にしてくれた人には、お礼として、願いごとを何でもかなえてくれる、ってことになってるの。

これを、わがサークルでは、成功につながる黄金の鎖ともいっておりまして……（笑）。

観音さまのお役に立つってさ、たいして難しいことではないんだよ。いつも笑顔で、愛のある言葉をしゃべれば、愛を実現していることになるんだよ。

それをやっていれば、何でも願いごとかなえてくれるから、観音参りに行っても、おすがりする必要はないんだ。

もちろん、オレは、まだ完璧に「いつも笑顔で愛のある言葉」ができないんだよ。でも、何でも願いごとが叶うゾ、とかって思ってると、ワクワクするんだな。そのワクワクがあるから、訓練が楽しくてしかたがないんだ。

疲れたな、と思ったときはキレイな花をごらん。みっちゃんの光が大きくなるよ

観音さまの話を楽しそうに語る一人さんを見て、私も心がワクワクしてきました。

ひょっとしたら、私もキラキラした人間になれるかもしれない、そう思ったからです。

「じゃあ、一人さん、観音さまのお役に立てる人は、なりたいものになれるのかな?」

「なれるよ、絶対。みっちゃんは、何になりたいんだい?」

私は、少し、答えに躊躇しました。おとぎ話のようなことをしゃべっていると思われるのが怖かったからです。でも、一人さんは、

「誰にもいわないし、笑ったりしないから大丈夫だよ。いってごらん」

といって、ニコニコしているので、勇気を出していってみました。

「一人さんといつも一緒にいる人たちのなかに、キラキラした人がいるんだ。一人さんも、いつもキラキラしてるんだけど、私もそうなりたいんだけど、無理かなぁ……」

すると、一人さんは、

「みっちゃん、大丈夫だよ。みっちゃんにも光はあるんだよ。人間はみんな、愛と光を持ってるからね」

といって、こんなことを教えてくれました。

その光のことをね、オーラと呼ぶんだよ。オーラって何かというと、うまく説明できないんだけど、オレは仮に宇宙エネルギーと呼んでる。

この話は信じてくれなくていいんだよ。だけど、オレは、この世にあるものすべて、人間でも何でも、この宇宙エネルギーで作られてると思ってるんだ。

それで、この宇宙エネルギーが、体から出ているところが、フアっと光って見える。そのフアっていう光が、オーラ。このオーラは、いつも笑顔で愛のある言葉をしゃべってると、自然と大きくなるんだよ。

だけど、人間って疲れることがあるでしょ。疲れてくると、ちっちゃくなる。ちっちゃくなると、どうなるかというと、人からオーラを奪おうとしちゃうの。しかも、自分より下の立場の人からとっちゃう。

たとえば、会社の社長さんのオーラがちっちゃくなってくると、部長さんからとる。要するに、怒鳴るんだよな。オーラをとられちゃった部長さんは、課長さんからとる。課長さんは、係長さん、係長さんは平社員からとる。

そうなると、今度、平社員は奥さんのオーラをとっちゃうんだよね。

「あっ、雑巾がある。オマエ、どうして、こんなとこに雑巾なんかあるんだよ」

とかって怒鳴ったりする。普段なら、全然気がつかないのに、そういうときはなぜか気がついちゃうんだよ。それで、「何だこれは!」って。

そうすると、奥さんから次は子どもに向かう。こうやって、下へ、下へと、オーラのとりあい、弱いものいじめが続くんだ。

オレ、そういうことが嫌だから、疲れちゃったときは、こうしてる。

たとえば、ここに花があるとする。そしたら、花を見て、

「キレイだな」

って思うの。それから、花に向かってフゥーっと息を吹く。要するにね、自分の愛情をあげるんだ。そうするとね、スゴイ、いい気分なんだな。

花じゃなくてもいいんだよ。たとえば、沈む寸前の太陽。それから、朝、出たての太陽で、まぶしくないときがあるでしょ。そのときの太陽でもいい。山の稜線もいいしね。そういうとこには、たくさんの宇宙エネルギーがあるんだ。そこに向かって、

「キレイだね」

って、いう。そうすると、花とかからエネルギーをもらって、スゴイ、いい気分なんだよ。それで、いい気分になって、みっちゃんに会うと、みっちゃんはオレのこと、キラキラしてる、っていってくれるんだよ。たぶん、そのときのオレのオーラは、大きくなっていると思うんだ。


「ふぅーん、愛を与えるとオーラは大きくなるんだ。一人さんが光ってるワケがわかったよ」

私はそういいました。すると、一人さんはこういいました。

「ありがとう、みっちゃん。でもさ、オレは、毎日楽しいんだよ。

『生まれてきて、しあわせだね』

って、いい合える仲間がいて、それで、ハッピーなんだよ。

オーラも大事なんだけど、オーラがどうのこうのということ以前に、自分がどうしたらハッピーでいられるかな、って考えてる。オレにとって重要なことって、いつも笑顔で人に愛のある言葉をしゃべれるかどうかなんだよ」

平凡って、いいものだよ

「オレにとって重要なのは、いつも笑顔で人に愛のある言葉をしゃべれるかどうかなんだよ」

という一人さんの言葉に、私は、

「オーラがどうのこうのいってる場合じゃない、私も一人さんのように、いつも笑顔で、愛のある言葉を心がけよう」

と思いました。そう思ったものの、その頃の私には、気になって、気になってしかたがない人がいました。

それは、一人さんの周りにいる、キラキラした人たちのなかでも、ひときわ目立っていた女性。一人さんの一番弟子で、現在、一緒に『まるかん』の仕事をしている、柴村恵美子さんでした。

声に張りがあって、動きがキビキビしていて、シャネルのスーツもさっそうと着こなす恵美子さんは、私にとってまぶしい存在でした。

「知り合いになりたいな、近くでお話できたらいいな」

心のなかで、そう思いつつも、はずかしくて自分から話しかけることができませんでした。そんなある日のこと。

例の喫茶店で一人さんと話しているとき、恵美子さんのことが話題にのぼりました。

「一人さん、あの恵美子さんって、ステキな女性だね。仕事ができる人、っていう感じがする」

「そうだね。あの人は、オレの専門学校時代のクラスメイトで、指圧師をしていたんだ。大企業の社長さんやスポーツ選手が来ることで有名な治療院に勤めていたときに、ナンバーワン指圧師だったんだよ。

彼女がとりあえず『心が少しだけ豊かになる会』の一番弟子。最近、オレの仕事を

はじめることになったんだけど、スゴイ才能もってるから、オレ、いつも教わること
ばかりでさ。笑っちゃうよな、弟子に教わってる師匠って（笑）」
一人さんの言葉に、私は思わず、ためいきをついてしまいました。平凡な私の人生
と比べると、半端じゃなく華やかに見えたからです。

人間、全部違うところがおもしろくて、それがいいとこなんだよ

「どうしたんだい？　みっちゃん」

一人さんにそう訊ねられた私は、

「うぅん、私みたく平凡な女の子って、つまらないなと思って……」

と答えました。

すると、一人さんは、やさしく包み込むような笑顔で、こういいました。

オレ、みっちゃんと話してると楽しいよ。それから、オレの人生は、平凡な商人の人生だけど、毎日、すごく楽しい。何でオレが楽しいかっていうとね……。

あのね、人間ってさ、いろいろ、なんだよな。

歌手になりたい人もいれば、レーサーになりたい人、苦学しても学校に行きたいという人もいる。だけど、オレみたく、殴られてでも学校に行きたくないヤツもいるし、わざわざ、お金払ってもらってまで学校に行かせてもらいながら、学校をサボっちゃう人もいる。

全部、違うところがおもしろくて、それが人間のいいところなんだよ。

何をいいたいかっていうとね、平凡な人と、非凡な人というのがいるんだよね。それで、人間というのは、みんな、それぞれ向き、不向きというものがある。

平凡な人には、非凡な生き方は向いてないんだよな。だけど、非凡な人には、平凡な生き方はできない。

平凡な人は、平凡な生活のなかから、しあわせ見つければいいの。非凡な人は非凡な才能を生かして生きれば、しあわせなんだよ。

平凡って、いいものだよ。平凡な商人のオレがいうんだから、それは間違いない。

それを、逆のことをしちゃうから、自分が苦しくなっちゃうの。

たとえば、歌がうまくないオレが、歌手を目指したりすると、全然売れなくて食っていけないんだよ。

だけど、オレは歌がうまくないことがわかってるから、歌手になろうとは思わない。ホント、ツイてたよ。今、こうやって自分で食っていけてるモン。

あの人には、いろんな才能があるのに、私にはないんです、って。それが嫌だといってても、オレが歌がうまくなるわけでなし。

だからさ、平凡を楽しむしかないんだ、ってオレは思うんだ。そのなかで、自分に向いてるもの、自分のしあわせを、オレは探してるんだね。

そんなことやってるとね、意外と、楽しいことだらけなんだよ、世の中は。

自分がどんなことでも「ツイてる」といいはじめたときから、しあわせになれるよ！

平凡な人生はつまらないと思い込んでいた私は、驚きました。そして、一人さんがニコニコしながら、しみじみ、

「平凡って、いいものだよ」

といったことに、なぜか感動しました。

「一人さん、私も一人さんみたいに、平凡な毎日のなかで、しあわせを見つけたいな。だって、一人さんが楽しそうなんだモン」

私がそういうと、一人さんはこういいました。

「みっちゃんがそう思うなら、そうすればいいよ。大丈夫、カンタンだよ。自分がどんなことでも『ツイてる』といいはじめたときから、しあわせになれるよ！

オレたちの周りにあるものすべては、幻なんだ。人生って、その人が何を思い、何を行動するかによって、どんな物語でも描ける。それで、みんな、それぞれ自分の物語の主人公なんだよ。

ちなみに、オレの物語は、喜劇。何をしていようが、喜劇なんだな。笑う気になれば笑えるの。どんなことも、笑えるよ。だってオレ、〝笑人《しょうにん》〟だモン

（著者注・笑う人と商人をかけた一人さんのジョークです）」

〝アタマが悪いから二〇回読む〟、その答えが素晴らしいんだよ！

「周りにあるものすべては幻……？」

キョトンとしている私に、一人さんはメモ書きした紙を渡してくれました。

「D・カーネギー、道は開ける。これ、何？」

「カーネギーさんという人が書いた本で、『道は開ける』というのがあるんだ。そこにヒントがあるから、興味があったら本屋で探して、買って読んでみるといいよ」

さっそく私は本屋さんに行き、その本を探しました。生まれてはじめて、自分で本を買って読むという体験をしました。

その本には、困難をプラスに転じた人たちの体験談がたくさん紹介されていました。私は、ページをめくるたびに、感動、感動、また感動……。

ところが、あるページで、私はそこから先に読み進むことができなくなってしまったんです。そのページには、こんなタイトルがついていました。

「レモンを手に入れたら、レモネードをつくれ」

レモンという言葉には、不快なものという意味があるらしいのですが、要は、人は不運に見舞われても、何かに気づいたときに、目の前に起きていることが困った現象ではなくなってしまう、という話なんです。

最初はすんなりと理解できず、その部分を何度も、何度も、読み返しました。二〇回ぐらい読み返したとき、何となく、わかりかけてきました。

「どんなに困ったことがあっても、考え方次第で、現実を変えることができる。目の前に起こった現象について『ツイてる』と思えるかどうか、『しあわせだ』と思えるかどうか、それが分かれ目で、肯定的にとらえられる人は成功者なんだね。人間って、何でもできるんだなぁ……」

私は本を読んだ感想を、一人さんに伝えました。すると、一人さんはニコニコしながら、こういいました。

「みっちゃんはエライね。あんな部厚い本、よく読んだね」

私は、そのほめ言葉に恐縮してしまいました。

「でも私、アタマが悪いから、『レモンを手に入れたら、レモネードをつくれ』という部分がなかなか理解できなくて、二〇回も読み直しちゃったんだ」

すると、一人さんは飛び上がって驚き、こういいました。

「みっちゃん、キミって、何て素晴らしいんだぁ！」

「な、何が、ですか？」

思わず、たじろいでしまった私の手を握り、一人さんはこんなことをいいました。

「アタマが悪いから読まない」じゃなく、「アタマが悪いから二〇回読みました」って、その答えができるキミが、素晴らしいんだよ！

理解がいい、悪い、が問題なんじゃない。

理解が悪いから本を読まない、本は向かない、っていう人がほとんどなんだよ。だけど、理解が悪いから、「人の三倍読みます」「四倍読みます」と。そういえる人が出世するんだよ。この社会って、そういうモンなの。

それでね、社会に出て、出世するって、最終的には、やるべきことを粘り強くやるだけなんだよね。

学校でもそうだね。前日に予習して、授業を受けたら復習して、そうやって粘り強く勉強やってれば成績もよくなるじゃない？

だけど、大概の人は、なぜか社会に出たら、それを急にやらなくなっちゃうんだよな。社会に出ても、よく働き、いつも笑顔で謙虚で、って、これをずぅーっと粘り強くやってれば、うまく行くのにね。

どうして、みんな、これをやらないのかね。きっと、みんな学校で優秀だったから なんだろうな。学校であんまりがんばり過ぎたから、疲れちゃってやらなくなったの かもしれないね。

4章

幸せになるのは
不幸になるよりカンタン

運勢って、勢いつければよくなるの

一人さんは、昔から、周りの人々に、

「人間はしあわせになるために生まれてきたんだ。だから、しあわせになるのは、不幸になるよりもカンタンなんだよ」

ということをいっていました。小さい頃から、その言葉を傍らで聞いていた私ですが、幼い私には、しあわせになることがどうしてカンタンなのかが、理解できませんでした。

でも、『道は開ける』を読んだあと、マーフィーや中村天風など、一人さんに紹介してもらった本を読み進めていくうちに、私は、徐々に物の見方が変わってきました。

周りを見渡せば景色はキレイだし、毎日おいしい食事をいただいている。スッキリしなかった体も快調になった。

今まで見つめようとしなかった、そうした小さなしあわせに、目が向かうようになって、その有難さをひしひしと感じるようになって、

「しあわせになるのって、本当にカンタンだな」

と思えるようになりました。

そうなると、いつも笑顔で、愛のある言葉を心がけることや、「ツイてる」という言葉を口グセにすることが、ものすごく楽しくなってきたのです。

ところで、この「ツイてる」という言葉についてなんですが、以前、一人さんは、こんなことをいっていました。


この世の中には、ツイてる波動と、ツイてない波動がある。

「ツイてる」

といってると、ツイてる波動が入ってきちゃう。これをいってると、仕事でも何でも、エネルギーが全然違っちゃうんだ。

ツイてると思っていようが、思っていまいが、そんなモンどうだっていいんだよ。言葉には言霊という力がある。それを利用できる人と、利用できない人では、全然違うんだよ。

実際、やってみたら、確かにその通りでした。どんどん、ツキが舞い込んできたのです。

この頃の私は、知り合いの口利きで、ニッポン放送に契約社員として事務の仕事をさせてもらうことになっていました。通常、契約は数カ月単位で終了してしまうはずなんですが、なぜか私は職場の人にかわいがられて、一年近く、在籍することになりました。

しかも、ニッポン放送を辞めることになっても、その親会社である産経新聞に契約社員として雇ってもらうよう、上司が骨を折ってくださいました。

でも、私はただ「ツイてる」といっていただけではありませんでした。

一人さんが喫茶店で、「運が悪いんだ」と嘆いている人の相談にのっているときに、

「運をよくしたいなら、勢いをつければいいんだよ」という話をしていました。私は、その言葉を実践したのです。そして、勢いをつけるときに、「ツイてる」という言葉の力を利用したのです。

人の倍働くつもりで、ちょっとだけスピードをあげてごらん

ところで、一人さんが喫茶店でしゃべっていた「勢いをつける」というのは、どんな話かというと……。

「運がない」っていうけど、本当は、誰だって運があるんだよ。生きてりゃあ、毎日、毎日、今日から明日になり、明日があさってになる。これを運という。誰だって、嫌でも何でも運ばれているんだよ、今日から明日へ。

じゃあ、どうしたら運勢がよくなりますかって、カンタン。勢いをつければいい。たとえば、会社に行ったときに、「人の倍働くんだ」というつもりで働く。人の倍というと、オーバーな話になっちゃうけど、要は、自分が今やってるスピードより、ちょっとだけ仕事を速くやればいいんだよ。

難しく考えることはないよ。今まで、上司に何か頼まれたときに「ハ〜イ」と返事していたんだったら、「ハイっ！」っていう返事にするとかさ。それから、会社に出てきてから実際に仕事にとりかかるまで、長い時間がかかっていたんだとしたら、その時間をちょっとだけ短縮するとか。自分ができるところからはじめてごらんよ。

そうするとね、仕事っておもしろいんだけど、ちょっと速めに仕事をすると、仕事が楽しくなる。速くて、楽しそうに仕事をしてれば、会社で出世しちゃうものなんだ。出世すればお給料だって上がるよね。

それで、万が一、会社がつぶれちゃったとしても、会社に出入りしてる業者っているんだよ。

「アンタ、優秀だからウチの会社来ない？」

って、引っ張ってくれる人がいるんだよ。

スピードを上げると間違いが出るんじゃないか、って思うかもしれないけれど、ダラダラしている人のほうが間違いが多いものなんだよ。

間違えずに速くやる、これはセットなんだ。

それで、間違えずに速くやるにはどうしたらいいだろう、って考えると、脳が勝手に働いて、タッタ、タッタできるようになるんだよ。

それで、遅くて賞賛されるものって、この世にはないんだよ。国鉄だって（現・JR）ローカル線が赤字でしょ。江戸時代には、東京から大阪まで行くのに何十日もかかったんだよね。それと比べたら、在来線乗り継いで大阪まで行くのは速いんだよ。だけど、新幹線ができれば、多少お金がかかっても、みんなそっちに乗りたがるんだよ。

速いものには需要があるんだよ。

だから、人の倍働くつもりで、ちょっとだけスピードあげてごらん。キミに対する需要が増してくるよ。

ただし、スピードをあげるといっても、どんどん、くたびれることやっちゃダメだよ。「楽しい」といってられるペースがいいんだよ。

いろいろな頼まれごとを一生懸命やれば、その人間は希少価値なんだよ

「運をよくしたいなら、勢いをつける」

という話が終わった後、私は、一人さんにニッポン放送に勤めることを報告しました。

「みっちゃん、よかったね」

一人さんは、自分のことのように喜んでくれました。

「正社員ではなくて、契約社員なんだけどね。だけど、さっきの話、すごくためになりました。ありがとう、一人さん。私も、勢いつけて、人の倍働くつもりでがんばり

ます」

私がそういうと、一人さんは、こんなことを教えてくれました。

みっちゃん、もうひとつ、ちょっとだけいい話、教えてあげようね。

スゴイ働き者の人でね、歩合制の営業に行きたがっている人がいたの。売上げを上げれば上げるだけ、自分がトクするから、って。

だけど、その人は営業に行っても、自分が思ったほどの財産を築くことはできなかったんだ。

どうしてですかっていうと、「自分のため」、それだけを考えていたからなんだよな。

商人には〝損してトクとる〟っていうのがあるんだけどさ、これはサラリーマンでも、契約社員でも、何にでも通用するんだよ。

どういうことですかっていうと、倍働けば、お給料を倍くれる、そういうところで「私は倍働きます」っていう人はいくらでもいるんだよね。だけど、倍働いても同じ給料しかもらえないところで、「倍働きます」ってやってると、光輝いちゃうんだよ。

そういう人って、めったにいないんだよな。めったにいないから、そういうヤツはずば抜けて出世する。これが出世のコツなんだよ。

「この人は損得抜きにして一生懸命やる人だ」

と、相手に思わせたら、いろいろ頼まれるんだよ。そのとき、その頼まれごとを一生懸命やれば、その人間は希少価値なんだよ。それが、大出世につながるんだよ。これが世の中の摂理なの。

それで、これが一番楽でおトクな生き方なんだよ。

わからないことは知ってる人に質問すればいいんだよ

私は、一人さんのアドバイスの通り、実践してみました。案の定、いろいろな頼まれごとが舞い込んできて、職場でもものすごくかわいがってもらえました。

そういうことがあって、ニッポン放送の契約終了後に、産経新聞の仕事を紹介してもらえることになったのですが……。

実はこのときに、一瞬、躊躇してしまった仕事がありました。それは、まったく未体験の、経理の仕事です。

「数学が嫌いな私に、経理の仕事ができるのかな……。ソロバンを使ったことさえないんだよ」

一人さんにそういうと、一人さんはいつものように、

「みっちゃん、大丈夫だよ」

と、ニッコリ。そして、こんなことを話してくれました。

オレ、みっちゃんにエラそうなこといってるけどさ、二〇年前は知らないことだらけで、恥をかいていたんだよ。

あの頃の自分を思うと、「穴があったら入りたい」どころじゃない。「穴、掘ってでも入りたい」ぐらいなの。

だけど、今のオレは二〇年前より、いくらか利口になっているんだよね。それで、恥をかきながら覚えたことって、一生忘れないんだ。

心にザクっと刻まれて、〝心の傷せんべい〟みたくなっちゃうんだよ。人間の芸術っていうのは、〝心の傷せんべい〟みたく、ビィーっとね。

オレの心なんか、ヒビがいっぱい入っているんだよ（笑）。これが模様になって、芸術作品になるぐらい入ってる。

だけど、今でも、知らないこととか、できないことが山ほどある。だからオレは、ずっと恥をかき続けているんだよ。

何をいいたいんですかっていうとね、人間っていうのは、恥をかきながら進歩する動物なんだ、って、それをいいたいの。

わからないことは、知ってる人に質問すればいいんだよ。でも、聞くと、たいていは、恥をかくんだよな。だけど、みっちゃん、恥をかける人間になろう。

前に進みたいなら、恥をかく。これしかないよ

損トク抜きで一生懸命働いている人のことを、バカにするヤツなんていないよ。そういう人には、相手も一生懸命教えてくれる。世の中って、そういうモンよ。

これは余談だけど、たいていの人は「恥をかいちゃいけない」って思ってるんだよね。これは、儒教の教え、孔子っていうオジさんの教えだという人もいるけれど、実際に孔子はそんなことといっていないんだよね。

何で、この教えが、ずぅーっとモテはやされているかというと、徳川家でも何でも、ときの権力者っていうのは一度天下をとっちゃうと、ずぅーっと自分の天下が続いて欲しいんだよ。

そのとき、一番いいのは、自分の下にいる人たちが行動しなけりゃあ、いいんだ

よ。新しいことをやらせなければ、将軍は将軍でいられるんだ。だから、人前で恥をかくのはいけないよ、っていうんだ。

なぜかというと、人が新しいことをするときは、最初からすんなり上手くいくことはないんだよ。やったことがないんだから、知らないことも多いし、シドロモドロしちゃうときもある。恥をかいちゃうんだよ。

恥はかいちゃいけない、ってことになれば、段々萎縮しちゃって、結局、やらなくなるでしょ。未知の世界に挑戦しよう、なんて思わなくなる。

だけど、恥をかくことは決して悪いことじゃないの。

自分はバカだったことがわかった。ひとつ利口になってよかったな、なんだよ。利口になるって、何かっていうと、自分がバカだったということがわかる。これができれば、利口になれるの。

自分の未熟さを恥ずかしいと思ったとき、人間の脳には次の一手、要するに「こうすれば恥をかかないな」っていうのが出てくる。その入り口の、恥をかくことを恥ずかしいと思っていると、前には進めないよ。

前に進みたいなら、恥をかく。これしかないよ。


一人さんに励まされた私は、わからないことを積極的に質問するようにしました。私は支局のほうで働いていたのですが、経理を教わりに、本局まで毎日通いました。

こちらが一生懸命だと、その気持は相手に伝わるんですね。本局の管理職の方が手取り足取り、本当に一生懸命教えてくれました。

「ありがたいなぁ……」

と、しみじみ感じつつ、必死になって勉強していたら、経理の仕事が楽しいと思えるようになりました。

心の光を分け与えるようになってくると、奇跡はどんどん起きるよ

新聞社の仕事にすっかりなれ、充実した日々を送っていた私ですが、この頃、ときおり人から頼まれて占いを見てあげるようになっていました。

実をいうと、私は小さい頃から占いに興味があったんですね。それで、ニッポン放送に勤めはじめた頃から、手相・人相、血液型占いなど、いろいろな占いを勉強していたんです。

教えてくれたのは、一人さん。占いをするにあたっての心がまえについて、一人さんは、こんなことを教えてくれました。

いろんな占いがあるけれど、占いっていうのは全部、相手を〝いいほう〟に導いて

あげるものなんだ。人を脅かしたり、注意することが占いじゃないんだよ。

でも、相手を〝いいほう〟へ導くといっても、お説教すればいいというものでもない。何ていうかな……。

地球は太陽の周りを回ってるけど、地球が止まってると思っていても、人間って平気で生きていけるんだよね。その発見って、別に、たいしたものじゃない。

人類がそのことを知らないときも、今と同じように生きてた。朝になればニワトリはコケコッコーって鳴くしさ、タマゴを産むしさ、必要なことは、つつがなく起きてたんだよ。

何をいいたいかってね、おかしなことをいうようだけど、世の中って、そんなに大切な話ってないの。

たとえば、お釈迦さまって偉大な人なんだよ。彼の教えで救われた人って、たくさんいるんだよね。だけど、仏教徒の人には申し訳ないんだけど、お釈迦さまが出てくる以前から、人間ってがんばって生きてるんだよね。

キリストでも、アラーでも、何でもそうなんだよ。ああいう偉大な人が出てきてくれたから、たくさんの人が助かってる。だけど、その人たちの教えを知っていようがいまいが、みんな、自分がしあわせになるために知恵出して生きてるんだよ。

だから、これを信じなきゃいけない、っていうのはないんじゃないのかな、ってオレは思うんだよ。

ただ、悩んでいる人というのは、光がない世界をさまよってる。だから、相手のいいとこを見つけて、そこをほめてあげて、

「必ず、あなたはいい方向へ行くよ」

って、いってあげればいいの。そうしたら、心に灯がともるんだよ。その心の明りが、その人が歩く道を照らす。そしたら、その人は、明るい気持で自分の人生を歩いていけるの。

占いってね、自分の心の光を他の人にも分け与えることなんだよ。その〝心の光〟って何ですかって、愛、思いやりなんだ。これは、占いだけじゃなく、何にでも必要なんだよ。

人に心の光を分け与えるようになってくると、奇跡はどんどん起きるよ。占ってあ

げた人にも、そして、みっちゃん先生にも……。

＊「エライね、がんばっているんだね」

そうやって一人さんに、占いの何たるかを教わり、占いの技術を身につけたのですが、占いをしているときに、ふと思ったんです。

「『レモンを手に入れたら、レモネードをつくれ』なんだけどなぁ……。だけど、この人たちは、この人たちなりにがんばってる。エライなぁ」

と……。

というのも、かつての私も、姉と比較されたり、体調を崩したりと、いろんなことに悩んでいました。どっちに向かえばいいのかがわからなくて、右往左往しているだけだったけど、そのときの私は、それなりに、

「しあわせになるには、どうしたらいいんだろう」

と考えていたんです。自分でいうのもなんですが、結構、がんばっていたんです。

そのことを思い出したとき、

「エライね、がんばっているんだね」

という言葉が、自然と出てくるようになったんです。そして、そういってあげると、一瞬、相手の顔がパッと明るくなって、

「ありがとう」

って、いってもらえるんですね。私は、それだけで、ものすごくハッピーでした。それだけで十分だったのに、信じられないぐらい、うれしい奇跡が起きたのです。支局で作っている『下町サンケイ』という新聞のスタッフから、突然、こんなことをいわれたのです。

「人から聞いたんだけど、みっちゃんって、占いができるんだってね。みっちゃんはいつも一生懸命、私たちの仕事をサポートしてくれているから、そのお礼といっちゃなんだけど、キミの占いコーナーを作ってあげようかなと思って……。やってみない

かい？」

私は、もちろん、ありがたくお受けしました。それで、そのとき、

「名前をどうしようか……」

という話になったとき、占いの師匠である一人さんに相談し、冒頭に紹介した、

「みっちゃん先生がいいんじゃない？」

ということになって、

「みっちゃん先生の占い・人生相談コーナー」

が誕生。そして、それ以来、私は、みなさんから「みっちゃん先生」と呼ばれるようになった次第でありまして……。

もちろん、新聞の占いでも、相手の心の灯をともす、というスタンスに変わりはありません。ただ、紙面で「がんばってるね」というだけでは、相談者の不安は解消しないと思ったので、一人さんからアドバイスをもらいながら、その人が今やれそうなことを、ひとつだけ提案させてもらうことにしました。

そうすると、相談者から、

「みっちゃん先生にいわれた通りにしたら、よくなりました。ありがとう」

というお返事の手紙をいただいたりするんです。その手紙が、とてもうれしくて、うれしくて……。

「私のことを役立ててくれる人がいるって、奇跡だな。本当にありがたいな」

そう思いつつ、占い・人生相談をやっていたら、連載開始から二年以上もの月日が流れていました。もちろん、経理を含め、本来の私の仕事のほうも楽しい、でも……。

「もっと他にやれることがないかな。何か、新しいことに挑戦してみたいな」

私は、次第に、そう思うようになったのです。

＊そして、新しい扉は開いた…

私が、「何か新しいことに挑戦してみたいな」と考えるには、ちょっとしたワケがありました。

占い・人生相談にお手紙をくれる人たち、また、身近にいる人たちに頼まれると、心に灯がともる占いをさせていただいていましたが、別に占いという形に限らず、人の心に灯をともすことは可能なんじゃないかと、ぼんやりと感じていたのです。

そんなとき、ふと思いついたのが、事業家、要するに『まるかん（当時は、銀座日本漢方研究所）』の販売代理店の仕事でした。

この頃の一人さんは、まだ全国長者番付で紹介されるほどではありませんでしたが、年間七倍ずつ売り上げを伸ばしていました。恵美子さんをはじめとするお弟子さんたち数人が『まるかん』の販売代理店をはじめていて、喫茶店で一人さんを囲み、商売の話をしてワイワイ盛り上がっていたのです。

その様子が、私の目にはものすごく楽しそうに見えました。何より、『まるかん』の仕事なら、体がつらくて苦しんでいる人の心に灯をともしてあげることができると思いました。だから、私も『まるかん』の仕事をやってみたいな、と。

でも、その一方で、

「それはあくまでもアタマのなかで思い描いただけの夢物語だよ。私に事業家が務まるわけがない」

とも思っていたのです。

ところが、そんなとき、

「みっちゃん先生、今も楽しそうなんだけど、次はどんな楽しいことやりたい？」

思いがけず、一人さんからこんなことを訊ねられました。この問いかけから、新しい扉が開いたのです。

人は、できるまで教えればできる。たった、それだけのことさ

一人さんの問いかけに私はこう答えました。

「うーん。実をいうと、事業家になってみたいんだけど、でも、無理だと思うんだ。事務の仕事しか、やったことがないし」

すると、一人さんは、

「大丈夫だよ。カンタンだから、みっちゃん先生にもできるよ」

と、アッサリいってのけ、こんなことを話し出しました。

人は、できるまで教えれば、できる。たった、それだけのことさ。

ものごとって、知ってる人が教えてあげれば、いいんだよ。それをロクすっぽやら

ないで、

「お前も自分の力でやってみな」

とかっていうから、人はできないんだよ。

だから、みっちゃん先生が商人になれる、なれないは、キミに才能や経験があるかどうかが問題じゃなくて、オレの問題なんだよ。オレが、同じことを四〇〇回いい続ける覚悟があるか否か、それだけなんだよ。

じゃあ、万が一、四〇〇回いってもみっちゃん先生が覚えられなかったとする。そのときはどうするんですか？　っていうと、オレは九〇〇回いうよ。

それでね、「四」と「九」って、みんなから嫌われる数字だけど、オレにいわせると「四九《よく》なる」ってことでさ。

それでもダメだとしても、オレはいうよ。千回だろうが、三千回だろうが、一万だろうが、いい続けられる。だって、いえちゃうんだモン。覚悟決めると、結構、しぶといんだね、オレって人は。

でも、そうやって、いい続けてると、相手の魂が根負けして、絶対にできるようになるんだよ。

水が出るまで井戸を掘る。深ければ深いほど、出た水はキレイになるんだよ

一人さんの覚悟を聞いて、私は驚きました。堅固なその覚悟に、圧倒されるとでもいったらいいのでしょうか。

「でも、四〇〇回も、九〇〇回もいい続けるのって、一人さんが大変になっちゃうよ。ただでさえ、一人さん、忙しいのに。悪いよ、そんなことさせちゃ」

私がそういうと、一人さんは、ニコニコしながら、こういいました。

全然そんなことないよ。商売って、世間の人がいうほど難しいことじゃないモン。

今、仮に四〇〇回といったけど、それはたとえ話で、実際はカンタンなんだよ。みっ

ちゃん先生にもできるよ。

それと、四〇〇回も九〇〇回もいい続けるのって大変ですねって、オレは大変だと思ってない。大変なのは、一回教えたらなんとかなると思ってる人たちのほうだよ。四〇〇回でダメなら九〇〇回、それでダメなら一〇〇〇回、オレはそう思ってるから気楽なんだよ。

あのね、井戸を掘るとき、五回や六回地面を掘れば水が出るかと思ったら大間違いなんだよね。

水が出るまで井戸を掘る。それで、深い井戸ほど、出た水はキレイなんだよ。オレはそのことを知ってる。だから、井戸掘ってても楽しいの。

魚釣りと同じだね。たとえば、石鯛っていう魚は、なかなか釣れないけれど、釣り場を変えてみたり、エサを工夫したりやりながら、

「これで、石鯛が釣れるゾ」

って、ウキ見てるときと同じ。アレ、楽しみながらやってるんだよ。

だけど、これは教える側のことであって、教えられる側の人には、別にそんな覚悟

なんて必要ないよ。

みっちゃん先生が、商人をやりたいか、やりたくないか。キミの問題は、ただ、それだけなんだよ。

5章

〝1%の努力で99%うまくいく〟魔法みたいな方法

成功はアタマじゃないよ、目と足だよ

「水が出るまで井戸を掘る」

一人さんがそういってくれたことで、私は、勇気が出てきました。

「『まるかん』の仕事をしながら、一人さんのもとで商人として修行させてもらっていいかな。私のこと、弟子にしてもらえますか?」

一人さんに、そういうと、一人さんは、ニッコリ微笑んでこういいました。

「もちろん、OKだよ」

ところが、です。両親に事業家になりたいという話をしたところ、案の定、二人とも大反対。

「知恵が出ない人が商売をやると、借金をつくるだけになっちゃうのよ。あなた、自

分に知恵が出せると思ってるの？　あなたには事業家なんて無理。無理に決まってる」

という両親の意見に対して、私は反論するどころか、

「それもそうだね。アタマの悪い私に商人が務まるわけがないよね。今度一人さんに会ったら、前言撤回してくるわ」

と、自分の目の前に現われたチャンスを、自ら放棄しようとしていました。しかし、ひょんなところから、事態は再び急展開したのです。

それは、両親の大反対から数日後のこと。私は、いつものように仕事を終え、家路を急いでいました。そのとき、

「みっちゃん先生」

雑踏のなかから私を呼び止める声が聞こえてきました。

声の主は、舛岡はなゑさん。私と同じ、〝一人さんのお弟子さん〟のひとりで、そのとき、彼女はすでに『まるかん』の仕事をはじめていました。

「あっ、はなゑちゃん。一人さんの仕事をはじめたんですってね、よかったね。はな

ゑちゃんは一人さんについて一生懸命勉強してたモンね。はなゑちゃんはがんばり屋さんだし、ツイてる人だから、きっとうまく行くよ」

私がそういうと、はなゑちゃんはこういいました。

「みっちゃん先生、お祝いのお花を贈ってくれたでしょ。ありがとう。それはそうと、みっちゃん先生も一人さんの仕事やるんでしょ。仲間じゃん」

満面の笑みを浮かべるはなゑちゃんを見て、申し訳ないと思いつつ、私は、

「そう思ったんだけど、でも、やめたんだ。やっぱ、私、アタマ悪いから商売はできないよ」

と、いいました。すると、はなゑちゃんは、真剣な顔をして、私の腕をガシっとつかみ、

「そんなこといっちゃ、ダメだよ、みっちゃん先生」

と。そして、一本のカセットテープを私に手渡してくれました。

「これ、つい最近、一人さんが話してくれたことを録音したテープなの。これを聞いてから、もう一度、考えてみたらいいんじゃないのかな」

はなゑちゃんにそういわれた私は、自宅に戻り、さっそくテープを聞きました。そのテープのなかで、一人さんは、こんなことを語っていました。

＊いいとこは真似して、悪いとこは真似しなきゃいいの。成功って、たったこれだけなんだよ

商人には、実験室みたいなものがないんだよね。

どういうことですかって、どっかの店に行ってごらん、

「いらっしゃいませ」

って、全部見せちゃうんだよ。そば屋とか、すし屋なんかだと、お持ち帰りまできちゃう。

だから、どんなとこでもいいから、繁盛してる店を見に行ってみるといいよ。繁盛している店って、必ず繁盛するようなことをやってるから。

それで、ヨソの店に行けば、自分のために実験してくれてるのと同じなの。だから、見に行けばいいんだよ。

ソバ屋さんで繁盛してない店って、休みの日にヨソのソバ屋さんのソバを食べに行かないんだよ。見に行って、食べてくればいいのにさ。

それで、お客さんがいっぱいきてるところがウマイの。そういう店のソバを食べて、

「やっぱり、自分のとこの、ソバのほうがうまい」

と。自分の店にお客さんがいっぱいいるなら納得できるけど、お客さんが全然こないのに、そんなことをいうのは味覚が少しヘン。だってそうでしょ、うまくないソバを出しているから、お客さんが来ないんであって……。

それで、そのときは、お客さんがいっぱい来てるところの味に、ちょっと合わせればいいだけなんだよ。

だから、その場でじぃーっとしているんじゃなくて、一〇〇歩でも、一〇〇〇歩でも足出して、流行ってるとこを見に行けばいいの。お店って、見せてくれているからね。それで、いいとこを真似するんだよ。

人生って、いいとこは真似して、悪いとこは真似しなきゃいいの。成功って、たったこれだけのことなんだよ。

人の真似をしたら個性が失われると思ってる人がいるけど、人の真似をしたって個性は出せる。それが、神さまが作った人間なの。

だから、いいとこ真似ればいいの。だけど、どうしたワケか、悪いとこは真似するんだよ。それをするから、人生がダメになっちゃうんだよ。素直に、成功している人の真似をすればいいの。

だから、成功って、目と足なんだよ。アタマなんかじゃないんだよ。

いい材料使ってもマズイものを加えたら料理は大概マズくなるからね

オレたちとは別の業界でもいいんだよ。とにかく、足と目を使って、いいとこを真似る。これをすれば、たいがいのことはうまく行くの。

昔ね、肉屋で繁盛しているところがある、という話を聞いた人が、その肉屋をずぅーっと観察してたの。でも、その人は肉屋じゃなく、カステラ屋さんだったんだよ。

それで、そこの肉を買って食べてみたけど、特別味が変わってるワケじゃない。どうしてだろう、って、ずぅーっと肉屋の様子を見ていたのね。だけど、特別、他の肉屋と違ったことはなかった。だけど、そのとき、ふと、

「肉は一番、電話は二番」

って、書いてあるのに気づいたんだよ。その人は、思った。

「ああ、これだ。もうこれしか考えられない」

そしたらね、その人は、

「カステラ一番、電話は二番」

おまけに上乗せして、

「三時のおやつは文明堂」

って、作ったんだよ。このセンスもスゴイけど、カステラ屋のオヤジさんが肉屋を

観察し続けるって、もっとスゴイんだよね。だから、いろんなとこ見てきて、いいとこ真似ればいい。

独自に考えたことをやるっていうのは、天才がすることなの。天才は人の真似してちゃいけない。独自にものを考えていく役割をもってる人だからね。

でも、世の中、天才って、そうそういないんだよね。ほとんどの人は、学校へ行ってたときに、自分はそうじゃない、って、気づいているはずなんだよ。だったら、素直に学べばいいだけなんだよ。

知恵が出ない、っていう人は、知恵を出しちゃいけない。失敗する人って、大概は自分の意見を加えちゃうの。それをやって成功していないんだとしたら、

「ちょっとマズイのかな？」

って、考えてみたほうがいい。いくら、いい材料を使っても、マズイものを加えたら、料理は大概マズくなるからね。

それで、おいしいものとか、いいものって、こういうモンだな、って、わかったら、自分のアイディアを加えていけばいい。ただ、それまでは、教えてもらったこと

を、素直にやったほうが成功の近道なんだよ。

学校では〝見せっこ〟ナシだったけど、社会は助け合いだよ

「知恵が出ないなら、知恵を出しちゃいけない」

テープのなかでそう語った一人さんの言葉が、私の胸にひっかかりました。

「ひょっとしたら、私にも商人ができるかもしれない？　いやいや、お父さん、お母さんのいう通り、私みたいな人間には無理だよ」

こんなふうに、アタマのなかで、あーでもない、こーでもない、とやっていた私は、気分転換に近所をブラブラ散歩をしていました。そんなとき、偶然、散歩している一人さんとバッタリ出くわしました。

「やぁ、みっちゃん先生。今日は仕事は休みかい。予定がないなら、お茶でも飲もう

か。最近、オレが読書室がわりにしてる、落ち着いた雰囲気の喫茶店があるんだ。そこで、おいしいココアをご馳走してあげよう」

一人さんに案内されたのは、『ピクニック』という名前の喫茶店でした。

「いらっしゃいませ。あら、一人さん、今日はかわいらしいお嬢さんをお連れで。どうぞ、こちらへ」

喫茶店のママさんの招きで、私と一人さんは、カウンター席へ腰を落ち着けました。

「ココアを二つ、ください」

一人さんがそういうと、カウンターからマスターらしき男性が顔をひょこっと出してきて、こういいました。

「今すぐ、おいしいの、いれますからね」

マスターとママさんは、芦川政夫さん、勝代さんご夫妻。二人とも〝一人さんの弟子〟で、お二人ともこの後『まるかん』の仕事をすることになるのですが、当時は喫茶店を経営していました。

「一人さん、私、事業家になりたいなと思ったんだけど、ウチのお父さんとお母さんが無理だっていうの。やっぱり、私、アタマ悪いから……」

私がそういうと、芦川夫妻がそろって、こういいました。

「あら、そんなことないですよ。一人さん、この前話してくれた、あの話、このお嬢さんにもしてあげてくださいよ」

すると、一人さんは、

「うん、そうだね。みっちゃん先生、今から話すことは、会社に勤める人にも、ちょっとだけいい話なんだ。別にこの話をしたからって、商人になれということじゃないからね。みっちゃん先生がやりたいことをやればいいんだよ」

と、ことわってから、こんな話をしてくれました。

学校の先生ってさ、普段は、

「みんな、仲良くしましょう」

っていっておきながら、テストのときは、

「隣を見ちゃいけません」

っていうんだよね。

で、隣を見ちゃいけない、ということだから、仲が悪いんだよ。

でも、月に一回でも、みんなで見せ合う試験でもやれば、みんな一〇〇点とれるし、それで仲良しになるんだよね。

だって、助け合ってたら、仲良くなるモン。

そんなことはさておき、社会に出たら、隣を見ていいんだよ。学校じゃあ〝見せっこ〟ナシだったけど、社会に出たら助け合いなんだよ。

なぜって、みんながバラバラじゃあ、「一」の力しかないんだモン。だけど、助け合っていたら、「一〇」にでも、「一〇〇」にでもなる。

＊自分には知恵が出なくても知恵が10倍にも100倍にもなる方法があるんだよ

じゃあ、助け合うって何ですか？　って、ことなんだけど……。

誰かに〝いいこと〟があったときは、

「よかったね、おめでとう」

とか、いえばいいいんだよね。それがいえればいいんだよ。

どういうことかというと、自分が何かのアイディアを出して成功した、ということは、自分が使っちゃった後のアイディアって、その人はいらないんだよ。だから、成功者のアタマには、アイディアが余ってるの。

それで、成功した人というのは、自分の成功話をしたくてしょうがないの。だけど、

「あいつには、教えたくない」

っていうのが、あるだけなんだよ。

でも、ホントはいいたいんだよ。成功談って、してると楽しいんだモン。楽しいうえに、その話をしたら感謝してくれる人がいるとなったら、もう、教えたくて、教えたくてしょうがないんだよ。それが摂理なの。

だから、「あなたには教えたい」っていう人が何人もいれば、自分に知恵が出なくなったって、知恵は一〇倍にも、一〇〇倍にもなるんだよ。

ただし、普段から敵対関係にあったり、憎まれ口をいってると、

「あいつにだけは、教えたくない」

っていうんだよ。それって何ですかって、がんばって成功したのに、

「あいつは幼稚園のとき、オシッコもらしたことがあって」

とかって。昔はどうだった、ああだった、そんなことしかいわないいんだよ。

人がせっかく家を建てて喜んでるのに、

「親が建ててくれたんでしょ」

って。親が建てようが、建ったんだから、

「おめでとう」

っていえばいいんだよ。

「よかったね、おまえ、がんばってたモンな」

「よかったね、先祖の加護があるんだよ」

とか、相手が喜ぶことをいってあげれば、後で、

「ちょっと、ちょっと。おまえに、ちょっと〝いいこと〟教えてやるよ」

って。だって、誰かにいいたくて、いいたくてしょうがいなんだよ。それを、いいたくない環境を作ってるんだよ。

それってなんですか、って、人をほめない人なんだよ。


「一人さん、私、人をほめることが大好きだわ。うん、私、やっぱり、事業家、商人になる」

私は、そういいました。

「じゃあ、私たちと同じ仲間ですね。実は私たちも、一人さんの仕事をさせてもらうんですよ」

と、芦川夫妻はニコニコしながらいいました。

一人さんも、ニコニコしながら、こういいました。

「どっちへ行ってもいいんだよ、みっちゃん先生。自分が『正しくて、楽しい』と思ったことを、やってごらん」

いつも自分を燃やしている太陽みたいに どんなときでも明るくしてなきゃいけないんだよ

事業家になることを決意した私は、新聞社での仕事を終えた後、『ピクニック』に立ち寄り、一人さんを師匠とする人たちとともに、一人さんの話を聞きました。

まず、『まるかん』の基本姿勢として、こんなことを教わりました。


この世にはしあわせ、ふしあわせがある。これは光でいえば、陽と陰、暗闇と明かり、みたいなもんだよね。

ところでさ、明るい、っていうのは、太陽があるから明るいんだよね。

朝になったから明るいと思ってる人がいるけど、そういう人は科学を知らない。太陽がなくなっちゃうと、地球が何回回ろうとずっと夜なんだよ。太陽があるから、この世は明るいんだよ。

それで、太陽っていうのは、いつも燃えているから明るいんだよね。

それが、オレたちの精神論なんだ。

どういうことかっていうと、人っていうのは何も考えないと暗くなるんだよ。心に太陽がなくなっちゃう。

太陽っていうのは自分で燃えてるんだ。だから、明るく考えるように心がけなきゃいけないいんだよ。

どんな環境だろうが、生まれてきちゃえばこっちのモンさ。おいしいもの食べられるのも、キレイな景色見れるのも、この世に生まれてきたからだろ。生まれてこなきゃ、そんなこと、できっこないんだから。

いつまでも、暗い顔してると、いつまでも自分の心は真っ暗闇なんだよ。その顔を見てる人の気持ちまで沈んじゃうんだよ。

心が暗闇な人は、ブラックホールみたいなもんで、周りの人の光をどんどん吸い込んじゃうの。わかる？　今、天文学的な話をしてるんだよ（笑）。

周りの人を暗くしちゃってる自分はダメ人間なんだ、じゃないの。自分の弱さを知ったとき、人は人に対してやさしい気持ちが起きることがある。

だけど、この人生は一回きりなんだから、自分の人生を楽しむために自分が納得できることを考えようよ、っていうことなんだ。

今世はね、神さまからの一回きりのご招待なの。今、ここでオレたちは、ご招待を受けている。それは、その神さまが、

「楽しみなさいよ」

といってるんだよ。

これができれば、人生でも、商売でも成功する。たとえ、路地裏でしか店を出せなかったとしても、

「路地裏のムードを利用してお客さんを呼び込もう」

とかって、今あるものを一〇〇％活かすことができるんだよ。

それで成功したからって、ずっと路地裏でやってなさい、っていうことじゃないよ。路地裏を活かせることができたんだから、今度はもっといい場所で店を出したと

きにそこを活かしきれるんだよ。

だけど、逆に、

「路地裏でしか店を出せなかった。こんなところじゃ客もこないよ」

って、暗いことばっかり考えてたら、〝今、ここ〟を活かすことができないんだよ。

だから、しょっちゅう自分を燃やしてる太陽みたく、どんなときも明るくしてなきゃいけないよ。

どういうとき、どう考えたら自分が明るくなれるか。これを、ずーっと追求していくんだよ。

1％は努力。残りの99％は、ちゃあ～んと世間がやってくれるんだよ

それから、一人さんいわく、「一％の努力で九九パーセントうまく行く、魔法みた

いな方法」というのも、教わりました。

言葉には力がある。言霊という力があるんだよ。それで、肯定的な言葉には肯定的な力があるんだよね。たとえば、「ツイてる」という言葉なんだけど、じゃあ、言葉だけいってればいいんですか、って、そうじゃない。

もう一個だけあるの。一％の努力で九九％うまく行く、魔法みたいな方法。

それが、身なり、外見なんだよ。

たとえば、不潔に見えるような服を着てて、自分では「気にしません」っていってる人もいるんだけど、それってホントですか？

あなたがやってるお店に、お客さんが入ってくるって、誰が決めるんですか？　お客さんが決めるんだよ。あなたが、人を引きずり込んでくるって、できないんだよ。

会社でもそうでしょ。いくら自分ががんばって仕事してるといっても、誰があなたを出世させようって決めるの？　あなたじゃないよね。

人生って、他人が決めるんだよ。

そのとき、ハタから見て、髪の毛をボサボサにしてて、不潔そうなシャツなんか着てて。俺は別にいいよ、だけど、会社の社長はそういう人を出世させようと思うかい？　お客さんはそういう人からモノを買おうと思うかい？　思わないんだよね。

『まるかん』は、精神論で商売する会社だけど、自分の精神さえよければいいんだ、というのとは、少し違うよ。

ここはインドじゃないからね。インドへ行くと、何ての？　フンドシいっちょで断食なんかして、それで精神修養しているとかっていう、ものスゴイ人がいるんだけど、いちおう、ここは日本だからね。

だから、みんな、自分のことを、プロデュースしてみて。

多少遠くても、お客さんが行きたくなっちゃうような商人を想像してみて。それから、鏡を見てごらん。何か違ってたら、修正するんだよ。

この世は、八割方お芝居なの。お店とか、会社っていうのは、自分に与えられた舞台なんだよ。その舞台で、どうやって自分を演出するか、なんだよ。

それで、別に信じてもらおうとは思わないけど、心のなかには神さまがいるんだ、っていうのが俺の持論なんだ。魂という言葉を、神さまにいいかえただけなんだけどさ……。

神社に行くと、ご神体っていうのがあるんだけど、それって、鏡なんだよね。そこを覗くと、神さまが映るの。大概は、自分の顔が映るようになっているんだよ、ハハ。

要するに、みんな、自分が神さまなんだな。その神さまをまつっている場所が、自分の体。オレたちの体は、お宮みたいなものなんだよ。

ということは、このアタマはお宮の屋根なんだな。顔っていうのは、神社の入り口。靴はその土台なんだよ。それがクモの巣はっちゃってたり、汚れてたりしちゃいけないよね。

だから、アタマをちゃんと光らせているんだよ。そうすると、天の加護がある。顔をツヤツヤさせていると、世間の加護がある。靴をちゃんと磨いていると、先祖の加護がある。そういうんだね。

天の加護があって、世間の加護があって、先祖の加護があれば、大概、何をやってもうまくいくんだよね。

ひょっとして、天の加護がないかもわかんない。先祖の加護もないかもわかんない。だけど、きちっとした身なりをして、しゃべってる言葉が肯定的なら、あなたたちのことを、みんなが盛り立ててくれる。

だから、一％は努力。残りの九九％は、ちゃあ～んと世間がやってくれるんだよ。

6章

「ツイてる、ツイてる」っていいながら歩いていくんだよ

＊○×試験って、何も書かないと、0点なんだよ

一人さんのもとでいろんなことを教わりつつ、親には内緒で会社を辞める旨を上司に伝えたり、店舗を探すなど、商売をはじめる準備を進めていました。

自分にこんな行動力があるなんて、と、自分でも驚いてしまったのですが、一人さんの話には、人をヤル気にさせる不思議な力があるんです。

「常に、明日に向かって足を出す」

という話も、そんな話のひとつ。どういう話かというと……。

商人って、常に明日に向かって足を出していかないと、仕事ができないんだよ。

「ツイてる」

って、いってないと、先に足を進めることができない。

それで、一歩、一歩足を進めると、自分が間違ってることをしてたとか、正しいことしてたとかがわかるんだ。

だけど、その場で足を出せないと、その場で×なんだよ。

それでね、人生って、○×試験みたいなものなんだ。

ともかく、何か書かなきゃダメなんだよ。これ、人から聞いた話だから本当かどうかわかんないんだけど、○×試験ってね、全部×にすると六五点なんだって。

まぁ、冗談はともかく、何も書かないと〇点なんだよ。ホント、そうなんだよ。人生って、何かやらないといけない。だけど、自分のこと、ツイてないと思ってる人は、なかなかやれないの。

それでですね、「ゆでガエル現象」っていうのがありまして。カエルをですね、水のなかに入れて、下からゆっくり温めると、そのまま、ゆであがっちゃうんだな。

当人は苦しんでるんだよ。だけど、ゆであがっちゃってるから、体が動かない。だから、一歩足出していかなきゃいけないよ。

それで、一歩出したら、次の一歩、また一歩、って、次々出していくんだよ。だけど、一歩足出したら、その次を出すまで、じぃーっとしてる人もいるの。それ、何でですか？　って聞くと、

「よくよく考えないといけないから」

っていうんだけど、散々考えた程度のことで、実力がついてくるってモンじゃないの。足を次々出しながら、実力がついてくるんだよ。

やっと一歩踏み出した、それはスゴイことなんだよ。だけど、その場で座り込んでちゃいけない。

「ツイてる、ツイてる」

っていいながら、先へ行くんだよ。次、次、次、って歩いて行くんだよ。

一歩一歩、足を出していくのも、出し方ってものがあるんだよ

そんな話を聞いて、そろそろ実地訓練をしないといけないな、と考えていたとき、

「みっちゃん先生、ウチの会社で少し商人の練習してみない？」

と、いってくれた人がいました。

その人は、何と、私が密かに憧れていた恵美子さんでした。私は、会社がお休みの日に、恵美子さんの会社でスタッフとして働かせてもらいながら、いろいろなことを教わりました。

ところが、です。自分の娘がそんな不穏（？）な動きをしていれば、親も何か思うところがあるんですね。あるとき、両親からこんなふうに尋問されたのです。

「最近、やけに忙しそうにしてるけど、何かあったの？　経営者でも何でもないあな

たが、どうして経営の本なんか読んだりしているの？」

とうとう、親に打ち明けるべきときが来た、という感じです。

「実は、私、事業家になろうと思って。もう会社の上司にも、次の契約は更新しないっていっちゃった。契約が切れたら、一人さんとこの仕事をするんだ」

私がそういうと、父親はとたんにあわてふためいて、

「どうして、そんなバカなことをするんだ！　契約社員とはいえ、せっかく、いい会社に入れたんじゃないか。第一、おまえに商売なんか絶対に無理だ」

と。母親は、母親で、

「そんなことしていると、婚期が遅れるわよ。今すぐ、そんなことはやめなさい。お母さんも一緒に会社の上司にあやまってあげるから、会社を辞めるなんていわないで」

と、涙ながらに訴えます。

でも、そのときの私は、昔のように、親のいいなりになっていた私ではありませんでした。

「できるか、できないかは、やってみないとわからないでしょ。どうして私が思ったようにやっちゃいけないの、私の人生なのに……。

どうして、私のこと信じてくれないの！

どうして、もっと私の気持を、わかろうとしてくれないの！」

私は、思いのたけを両親にぶつけ、そのまま家を飛び出してしまいました。

「ハァ〜、スッキリした。とうとう、やっちゃったな」

私は、そうつぶやきながら、行く当てもなく、駅前の商店街をブラついていました。すると、

「ハ〜イ！　みっちゃん先生、元気？」

偶然、はなゑちゃんに遭遇しました。はなゑちゃんに、親とのいきさつを話すと、

「よし、わかった。まかせなさい、しばらくの間、私のウチにいたらいいよ」

と、いってくれました。そんなワケで、当分の間、はなゑちゃんの家で居候させてもらうことになりました。

一人さんには親と大ゲンカをして家を飛び出したことはいわないでいたのですが、

すぐ、一人さんにそのことが知られてしまいました。そして、一人さんは、私の様子を見にはなゑちゃんの家までやってきました。

「おっ、いた、いた。みっちゃん先生、元気そうでよかったよ。もう、心配させちゃダメだよ」

「ご心配かけてスミマセン、一人さん」

私がそういうと、一人さんはニコっとして、こういいました。

「オレは心配してないよ。だけど……、あのね、オレが口出しすることではないと思うんだけど、みっちゃん先生、もう帰ってあげなよ。きっとご両親はメチャクチャ心配してると思うよ。

みっちゃん先生、一歩、一歩、足出していくのはいいんだよ。だけど、出し方ってものがあるんだな」

解決できないから「無力」じゃないんだよ。自分の代わりに時間が解決してくれてるんだよ

一人さんに帰宅をうながされた私は、不安になりました。このまま家に帰ると、もう、事業家にはなれない、『まるかん』の仕事ができなくなる、そう思ったからです。

一人さんにそのことをいうと、一人さんは、

「そんなことないよ、みっちゃん先生。大丈夫だよ」

と、やさしく微笑みながら否定し、こんなことを語りはじめました。

アスファルトから雑草が顔を覗かせているのを見たことあるかい？

あれはね、雑草が無限小の力で、無限大の時間をかけて、アスファルトを突き破ったんだよ。

アスファルトの下にいるときは、うーんと小さい芽なんだよね。それで、弱いんだよ。か弱いけれど、自分がもってる最高の力で、すべての時間をかけて、グゥーっと押すんだよ。そうすると、めくれ上がるんだよね。

だけど、一気にめくってやろうと思って、アスファルトをほじってたら、突き抜けないんだよ。グジャグジャってやったら、青汁になっちゃうんだよ、ホント。

だから、ジィワァ〜っとやるんだよ、時間をかけて。抜けると信じて、ジィワァ〜っとやる。そしたら、きっと、突き抜ける。なぜなら、ツイているから。

「でも、あんな親と一緒に暮らしてたら、私は何もできないまま、一生を終えてしまう……」

私は、一人さんに訴えるようにいいました。すると、一人さんは、こういいました。

「みっちゃん先生、人は、人を変えられないんだよ。それで、お釈迦さまがあるとき、

『方便しかないな』

って、いったことがあるらしいんだよ。誰かを本気で救おうと思ったら、ウソをつ

くしかないんだ、って。ただし、ウソつくっていっても、愛のあるウソだよ。

今は、ご両親も混乱しているから、とりあえず、今まで通り会社に行きます、ってことにしておいて、それで言葉は悪いけど、コッソリ商売やってればいいじゃないか。それで、一応、ご両親も安心させてあげられるだろ」

「でも、そんなことしてたら、いつまでもウチの親に理解してもらえない」

私がそういうと、一人さんは、こういいました。


みっちゃん先生、人は人を変えられないんだよ。どうすることもできないの。どうすることもできないことを、悩みといってね。それで、悩みっていうのは、実は、放っておくと解決できるようになってるの。

一分、一分、一秒、一秒、時計の針が進むたびに、解決しているんだよ。

それで、悩みがあったとき、自分が何もしてないと思っちゃいけない。何もしてない、って思うのは、違うんだよ。

悩んでいるとき、あれこれ心配するでしょ。心配するとね、人間って、思ったことを引き寄せちゃうんだよ。

悪いほうに考えてると、悪いことを引き寄せちゃう。でも、それをやってなければ、いいんだよね。放っとけば、大体なくなっちゃうから。

それで、「ツイてる、ツイてる」っていいながら待ってると、災いが転じて〝いいこと〟になっちゃう。人生って、大概、そんなモンだよ。

だから、悩みが解決しないとき、私は無力で何もできないんだ、じゃないの。必ず、時計の針が、カチカチ、カチカチ、解決してる。

神さまは、人間のこと、苦しめようとしてないの。人間が勝手に苦しんでいるんだよ。放っておけば、解決しちゃうの。

それでね、今の悩みは、一年後には覚えてないんだよ。二年後にはすっかり忘れちゃって、いえないの。

そんなことに苦しんじゃう、って、どんなモンだろうか……。

周りを信じていけば、全然、怖くないよ

一人さんの話を聞いて、とりあえず私は帰宅しました。そして、アドバイス通り、

「このまま会社勤めをするから、心配しないで」

と、両親に告げ、バレないように開業の準備を進めました。そして、晴れてオープンの日を迎えたのです。

『みっちゃん先生商店』が第一歩を記した地は、群馬県は館林。東京の自宅からは車で通うことになったのですが……。

その当時、私は車の免許をもっていましたが、免許をとってから一度も運転をしたことがないという、典型的なペーパードライバーでした。

「一人さん、私が運転して大丈夫かな。高速道路を走れるかな……」

私が不安げにそういうと、一人さんは、いつもの笑顔でこういいました。

「みっちゃん先生、大丈夫だよ。どうだ、一度試しに、オレの命預かってみるかい？」

一人さんがそういってくれたので、オープン初日だけ、師匠の命を預からせていただくことにしました。

私が運転する車に乗ってもらい、それこそ〝命がけ〟で、東北自動車道を往復。わが家のある街の明りを見たときの、あの安堵感たるや、言葉ではいいつくせるものではありませんでした。

「ほら、みっちゃん先生、何の問題もなかったじゃないか。明日からは、ひとりで行くんだよ。大丈夫、周りを信じていけば、全然、怖くはないからね」

一人さんは、私にそういって帰っていきました。

人って温かいな

そして、翌日から、たったひとりでのマイカー出勤が始まりました。車の四隅に、初心者マークを一枚、一枚。つまり、合計四枚の初心者マークを貼り、早朝六時にわが家を出発。もちろん、親には、

「今から、会社に行ってきまーす。決算シーズンだから、帰りが遅くなるけど、心配しないでネ」

とかいって。そして、夜遅く帰宅したときは、

「たった一円なんだけど、金額が合わなくて、帰れなかったんだ」

とかいって。

そんな日々を支えてくれたのが、芦川ご夫妻。朝、東京を出るときには、必ずお二

人のところへ顔を出しました。お二人は、いつも笑顔で、

「みっちゃん先生、いってらっしゃい」

と、温かい言葉で私を送り出してくれました。

それから、新聞社に勤めていたときの上司も、私が退社の意思表明をしたときから協力してくださいました。お店を出すことになったとき、新聞に、

「みっちゃん先生のお店がオープンしました」

と、告知してくれたんです。

「人間って、すごく温かいなぁ」

と、私はしみじみ感じました。

でも、私はまだ、両親には本当のことを告げられずにいました。それだけが、商売をするにあたっての、私の唯一の悩みだったのです。

魂が学びたいんだよ。学び終えれば、自然とやめちゃうの

表面上、私と両親は仲直りしたことになっていましたが、私が家出して以降、双方のコミュニケーションには、何となくチグハグしたところがありました。出来が悪いにしろ、親のいうことを聞く子どもだった私が家出をした。そのことが、親としては相当なショックだったのでしょう。また、私の心にも、

「ウチの親は、私のことを少しもわかってくれない」

といった気持ちが、依然、くすぶっていました。

でも、私は、この状態を何とかしたいと思いました。そこで、再度、一人さんに相談してみたのです。すると、

「ゴメンな。オレは、みっちゃん先生の期待に応えられるようなアドバイスは何もできないんだよ」

一人さんはそういって、こんなことを話してくれました。

世の中には、退屈というものを学びに来ている人がいる。

そういう人は、ものすごく退屈なの。それで、ずぅーっと退屈にしているとどうなるか、っていうことを、身をもって体験しているんだよね。退屈にしているだけで、女房に逃げられるとかさ。

それから、つまんないダジャレいってる人もいるよね。あれも、ダジャレをいってるとどうなるか、っていうことを学びにきているんだよ。

それで、そういう人たちを見ている周りの人間は、

「もう、あの人は、全然、学ばない」

っていいながら、イライラしたりするんだけど、そういう人たちは、イライラしても人は人を変えられない、っていうことを身をもって学んでいるんだよ。

波乱万丈を学ぶ人もいるしね。そういう人は、何でもかんでも波乱万丈に生きようとするしね。

だから、人間ってね、何を学びにきてるか、っていうのがあるんだよね。魂が学びたいんだよ。それで、自分が学び終えれば、自然とやめちゃうの。

だけど、魂が学びたがっているときは、ハタが何をいっても絶対にやめないんだよ。どんなに〝いい話〟教えても、聞いてくれないの。

〝いいこと〟教えてくれたらやります、っていうなら、人間は経験する必要がない、っていうことになっちゃうんだよね。でも、人間っていうのは、大概のことは経験しにきているんだよ。経験したいの。経験して、学びたいの。

自分が何を学んでいるかがわかると、人生って楽だよ

親は、子どもに失敗させたくないから、

「あれやっちゃダメ、これやっちゃダメ」

っていうけど、子どもだって、れっきとした人格もってるんだよね。

だから、子どもに失敗も何も経験させないっていうことになると、子どもの魂が耐えられなくなって、ある日突然子どもが暴れたり、親子断絶とかっていうことになったり。

親は、そんなことから学ぶんだよね。で、子どものほうも、何も経験させない親がどれだけ嫌か、ってことを体で学んでる。親子で、必死になって学んでいるんだよ。

じゃあ、何のために学ぶんですかっていうと、魂を向上させるため。要するに、人に対して愛のある言葉を話せる人間になるためなんだ。

人間って、自分が経験してないことはわかんないんだよ。

たとえば、ヤキモチ焼きの亭主をもったことがない人は、そんな亭主をもった人のつらさがわかんない。だから、そのことで悩み、苦痛で顔がゆがんじゃっている人に、

「いいじゃない、愛されてて」

とかって、いっちゃうことがあるんだよ。自分では、励ましのつもりなんだよ。だけど、苦しんでいるその相手には、冷たく聞こえるんだよ。経験したことがない人に

は、それがわかんないの。

だから、人に愛のある言葉がいえる人間になるには、ひとかど修行をしないとダメなんだね。

ただ、オレは、そういう人のことをバカだとは思わないよ。

「よーく学んでいる人だな、チャレンジャーだな」

って、思うのね。どうしてって、そう思っちゃうから。そういう性格なんだね。

それで、そういう目で見るとね、世の中、あっちも、こっちも、チャレンジャーだらけなんだよね。もう、みんな必死になって学んでるの。なかには、

「うわぁっ、ス、スゴイ、学び方してる人だな」

って、感心しちゃうような人もいるしね。

もちろん、オレも、チャレンジャー。みっちゃん先生も、チャレンジャーなんだよ。

それで、世の中ってね、自分が何を学んでいるのかがわかると、人生って楽しくて、楽なんだよ。

「どういう意味なのかな?」

そう思いつつも、お客さんを目の前にすると、

「この方に何をしてさしあげたら、喜ばれるかな」

ということにアタマが集中してしまい、一人さんのナゾめいた言葉の意味を考える時間などありませんでした。ただ、ただ、お客さんとお話すること、お客さんから笑顔を返していただけること、お役に立たせていただけることがうれしく、商人という仕事があまりにも楽しくて、楽しくてしかたがなかったのです。

そんな、こんなで、オープンから三カ月ほどが経過したときのこと。

おかげさまで仕事が順調に行き、仕事を家に持ち帰ってやらないといけないぐらい、忙しくなってきたんです。

親に内緒ではじめたことですから、家でおおっぴらなことはできない。だから、最初は帳簿付け程度の仕事を自宅に持ち帰って、チョコチョコやっていたんです。

私は親にバレていないと思っていたのですが、親のほうはすでにお見通しだったのでしょう。あるとき、いつものように自宅で仕事をやっていると、横からスーっと手

が出てきて、

「その仕事、私たちにも貸してみなさい」

という声が聞こえてきたんです。ビックリして、顔を上げると、そこに両親がいました。そして、私に対して何の叱責の言葉もなく、ひと言の文句もなく、仕事を手伝ってくれたんです。

うつむいたまま、黙々と作業をこなす両親の背中と手を見て、私は思いました。

「この温かな背中が私を守ってくれてたんだ。このやさしい手が、ここまで私を育ててくれたんだ。この親の子どもに生まれて、よかったな、しあわせだな」

私は涙声になるのを必死でこらえ、両親にいいました。

「お父さん、お母さん……。ありがとう」

父は、照れくさそうな顔をして、うなずきました。母は、

「口を動かしてないで、手を動かしなさい……。がんばるのよ」

と、いってくれました。

この親の子どもに生まれてきた自分を、心底、しあわせだと思えた瞬間でした。

7章

今日も、明日も、みっちゃん先生は行く！

一日一日が、まるでドラマのよう……。まるで奇跡です

両親との確執が解消されてから、私の目の前には壁らしい壁がひとつも現われなくなりました。おかげさまで、仕事のほうも、すこぶる順調です。

もちろん、生きている以上、何にも問題が起こらないというわけではありません。やはり、人生って、ちょっとした行き違いがあったり、自分の未熟さを感じたり、いろいろあるじゃないですか。

ですが、親との一件が解消されてからの私は、自分の目の前に出てきた問題を壁だとは思わなくなりました。

ひとつ問題が出てくる度に、自分の成長過程がわかる、というか……。そう、神さまからごほうびをもらってるみたいで、ワクワクするんです。

「おっ、昨日の自分より、また一歩、人間的な成長ができるぞ」

っていう。

成長って、楽しいですよね。子どもがひとつ、ひとつ、いろんな言葉を覚え、世の中のいろんな仕組みを知って行く、あのドキドキ感を味わいながら、一歩、一歩、マイペースで歩いている。それが、今の私です。

そんな私になれたのは、一人さんのもとに集まったお弟子さんたち、私の仲間の社長たちが、いつも、いつも、

「みっちゃん先生、いいこと教えてあげる」

と、いろんな知恵を私に与えてくれているからです。でも、仲間の社長たちが私に与えてくれるものは、それだけではありません。

おもしろくて、いろんなとこに気がついてくれるジュンちゃん社長（千葉純一さん）。この人には、いつも、その場の雰囲気を盛り上げ、楽しくしてもらっています。

いつもパワフルな真由美社長（宮本真由美さん）。この人は、私が気にするようなことも全然気にせず、「行け、行け！」という感じの人で、いつも応援の言葉をもら

っています。

癒し系のノブ社長（宇野信行さん）。この人は、いつも温かく私を見守ってくれています。いつもニコニコしていて、笑うと目がなくなってしまう。そのたたずまい、やさしい言葉に、どれだけ癒されたことか。

しっかり者で、私が尊敬しているタダオ社長（遠藤忠夫さん）。いつも、いつも相談にのってくれて、いろんな話を長時間していただいて、たくさんのことを学ばせてもらっています。

もちろん、今もって、勝代さん、恵美子さん、はなゑちゃんには、大きな愛をもらっています。

また、私のもとへ集まってくれたみっちゃん先生隊のメンバー（特約店の方や私の会社のスタッフ）にも、感謝しつくせないほどの支えをもらっています。ときどき私も叱ったりすることがあるのですが、いつも素直で、明るさを忘れず、サポートしてくれるのです。この人たちも、とても有り難い人たちです。どれぐらい有り難いかというと……。

以前、私は、『まるかん』恒例のパーティーで、前回のパーティーと同じ水色のパンツスーツを着て出席したことがありました。私は、そのキレイな水色がキレイですごく気に入っていたので、そのスーツを着て行ったんです。ところが、メンバーが、私の服を見てこういいました。

「みっちゃん先生、この前と同じスーツなんですね。他の社長さんたちは新調しているのに……。私たちが一生懸命働いて、みっちゃん先生に、もっとたくさんのキレイな服を持てるようにしてあげますからね」

私は、誤解を招くようなことをして申し訳ないと思いました。それと同時に、わがみっちゃん先生隊の心意気に、感謝しても感謝しきれないほどの思いになりました。

私は今、いろんな人に支えてもらっている自分のことを、世界一しあわせな商人、世界一しあわせな経営者だと、胸をはっていうことができます。

たくさんの愛に囲まれて、楽しいことがいっぱい！　一日、一日が、まるでドラマのよう……。淡々と時間だけが過ぎていた昔を思うと、まるで奇跡です。

私にも奇跡が起こせたのは、やはり、一人さんがあってこそだと思います。

キミはただのウサギじゃないよ。ウサギの成功法則の実践ジャーなんだ

一人さんが、いつも、いつも

「ウサギのままでいいんだよ」

と、笑顔で私を受け入れ、私のことをほめてくれ、私にも自分の足で人生を歩いていけるという、肯定的な、愛のあるメッセージを送り続けてくれたからです。

「一人さん、ありがとう」

私は、一人さんに感謝の気持を伝えました。すると、一人さんは、私にこんなことをいってくれました（身内に対するほめ言葉で、ちょっと恥かしいのですが……）。

みっちゃん先生、キミはもう、ウサギなんかじゃないよ。ウサギの成功法則の実践

ジャーなんだ。

ウサギの成功法則って、人にトクさせることなんだ、しかも前払いでね。

それって、保険みたいなものなんだよ。保険みたいものなんだけど、相手から見返りを求めようとはしない。ただ、自分がもってる愛を一生懸命人に与える。

いつも笑顔で、人に〝いいこと〟があったら、

「よかったね」

というとか、人の〝いいとこ〟探してあげてほめるとか、愛のある言葉をかけるんだよ。

だけど、たいていの人は、人が成功したときだけ、「教えて」っていうんだよね。

それって、保険金は払ってないけど、事故にあったときだけお金をください、っていってるのと同じことなんだよ。

事故にあう前に保険金は払うんだよ。保険って、そういうものでしょ。

何かあったら勘定払い、〝いいこと〟してもらったら〝いいこと〟してあげる、そうじゃないいんだよ。

何もしてもらわないうちから、やさしくされたり、ご飯ごちそうになったり、いろんなことされてるから、人は恩義を感じて、その人に報いようとするの。

世の中って、道理でできているんだよ。道理通りのことをやればいいだけなの。それをやらないで、何か他にいい方法はありませんか、って。それが苦労の種になっちゃうの。

だから、最初にトクさせる、愛の前払い人生なんだよ。

たったこれだけなの、ウサギの成功法則って。これができれば、スイスイ、スイスイって、成功するものなの。ホント、世の中って、苦労なんていらないんだよ。

現在《いま》が、あんまりしあわせだとね、過去の記憶ってなくなっちゃうんだ

しかし、不思議ですね。これほど、しあわせで、毎日が充実していると、過去に経

験した嫌なことって、忘れてしまうものなんでしょうか。

実をいうと、この本を書いているときも、昔の自分がどんなことで落ち込んでいたのか、そのエピソードがなかなか思い出せなくて、

「あのときの私って、どうだったっけ？」

と、人に聞かなくてはいけませんでした。それで、聞いた本人が、

「えっ、あのときの私、そんなだったの！」

と、ビックリしたりして……。

最初は、ただ単に自分の記憶力が悪いのかと思っていたのですが、一人さんによると、どうやらそうではないそうです。

現在《いま》が、あんまりしあわせだとね、過去の記憶ってなくなっちゃうんだ。自分は不幸だと思ってる人のほうが、過去のこと覚えてる。

現在がしあわせな人は、

「明日、旅行に行こう」

とか、未来の楽しいことを考えるけれど、過去のことってあまり考えない。過去の

ことを振り返っても、不幸なことさえも、しあわせなことに見えてきちゃうんだよ。

それで、過去をしあわせだと思える人は、今もしあわせだから、そういう人の未来はしあわせに決まってるんだよ。

ほら、ごらん、嫌な思い出が、みっちゃん先生の宝になっただろう

一人さんにそういわれて、

「うん、うん、その通りだよね」

と、相槌を打っていた私ではありますが、後になって、ふと、思ったのです。

「どうして、過去の嫌な思い出がしあわせなことになってしまうのだろうか」

と。そんなことを考えつつも、日々、楽しく過ごしていたのですが……。

ある日、一人さんとコンビニへお昼ご飯を買いに行ったとき、こんなことがありま

した。

一人さんはおでんのコーナーでおでんを選び、私はサンドイッチのコーナーでサンドイッチを選んでいました。

あの、お恥ずかしい話ですが、実は私、生鮮品を買うときは製造年月日が古いものから選ぶ、という妙なクセがあるんです。それで、サンドイッチをひとつひとつチェックしていたんですね。

いつまでたっても、私がレジに来ないのを心配して、一人さんが様子を見にきたらしいんです。そのとき、私の様子が、ちょっと見、奇妙に見えたんだと思います。

「みっちゃん先生、一体、何をしているんだい？」

そうやって、背後から突然、一人さんに訊ねられて、しょうがなく私は、かくかくしかじかのクセがあって、という話をしました。

すると、一人さんは、私にこういってくれたんです。

「世間の人はどう思うか知らないけれど、オレは、みっちゃん先生みたいなことができる人のことを成功者だと思うよ。魂的、精神的な成功者だ、って。

だってさ、たいがいは製造年月日が新しいのから選ぶんだよ。でも、よくよく考えると、賞味期限が切れているわけでもないし、冷蔵保存されているんだから、品質に大きな違いがあるわけではないんだよ。だけど、人は一時間でも新しいほうを買おうとするんだよな。

でも、みっちゃん先生はそれをしない、エライね。一時間遅いぐらいで、送り返されて、捨てられちゃうサンドイッチを救ったんだモンな。

食べものって、生き物だからね。生命《いのち》あるものを捨てるのって、食べ物にも申し訳ないし、お店の人も困るんだよな。

それを古いほうからもってきてあげるって、みっちゃん先生独特のやさしさだね。師匠のオレにもなかなかできないことだよ。感服しました、完敗です」

昔から、思いがけないところでほめてくれる一人さんでしたけど、まさか、こんなことまでほめてくれるとは思ってもみませんでした。

というのも、私は、売り場のすみっこで置いてけぼりになっているサンドイッチが、自分だったら嫌だなと思っただけなんです。

私は、人に注目されないものがあると、つい、つい、自分と重ね合わせてみてしまうのです。それは、止めようにも止められない、ただのクセなんです。

「一人さん、違うんだよ」

私は、思い切って、本当のことを一人さんに打ち明けると、一人さんはニコニコしながらこういいました。

「ほら、ごらん、嫌な思い出が、みっちゃん先生の宝になっただろ」

「えっ、嫌な思い出が私の宝ですか？」

私は驚いて、こういってしまいました。

確かに、姉ばかりがほめられて、周りの人に姉と比較され、私はおミソ扱いされていました。昔の私は、それがすごく嫌で、落ち込んだりしていたと思うのですが、別に、今は何とも思っていません。

姉は姉で、私より全然大きいプレッシャーを感じていたでしょうし、両親は両親なりに私のことを一生懸命愛してくれていたから。

そう思えるようになった今の自分から見ると、昔の落ち込んでばかりいた頃のことは、ただの成長の一過程。

「あのときの自分は未熟だったなぁ」

と、思いこそすれ、それが宝とは、どういうワケなのでしょうか。

人間って、いろんな形で、バリエーションよく学ぶようになっているんだね

これ、ある人から聞いた話なんだけど、マリー・アントワネットっていたでしょ。あの人は、貧しい人たちがパンを買うお金もなくて、ひもじい思いをしているとき、

「どうしてお菓子を食べないの。お菓子を食べればいいじゃない」

とかっていったんだって。マリー・アントワネットは、貧しい生活を経験したことがないから、そういったんだよね。それで、そのことが悲劇になった。

それ、「貴人に情けなし」っていうんだよ。困ったことがない人は、情けがない。

しょうがないよ、わからないんだモン。飢えたことがない人には、飢えのつらさがわからない。

それでさ、本当かどうか知らないけど、人間は一〇万回生まれ変わるらしいんだ。それ、何でですかって、生まれ変わりながら魂がいろんなことを経験するようになっているんだ、って、オレは思うんだ。

今世、「食べるものがなくて困った」という経験がなくても、飢えている人を見てかわいそうだな、と思える人は、生まれ変わっていくなかで飢えた経験があるんだよ。魂が、飢えた経験を覚えているんだ。

人間って、いろんな形で、バリエーションよく学ぶようになっているんだね。

それでね、人にやられたことで自分が嫌な思いをしたことは、他人にしなきゃいいんだよね。それでだいたいね、成功者になれるんだよ。神さまがそうしてくれてる。

失敗する人は、自分が嫌な思いをしたことを他の人にもしてやれ、っていう人なの。自分が新入生のときに先輩にイジメられたから、今度は自分の後輩をいじめてやれ、とかって。それで、たいがい人生失敗するんだよ。

自分はあのとき嫌なことをされた。だから、人にそれをやっちゃいけないんだ、ということがわかったとき、

「ああ、オレは、あのとき、すごく苦しい思いをしてたけど、いい経験してたんだな。経験させてもらって、よかったよ」

そういえたとき、過去もよくなっちゃうし、今もよくなっちゃうんだよ。

だから、何ももたない人間が動き出したとき、すべてが手に入るんだよ

「そうか、未熟者だった昔の私は、いい経験してたんだ」

私は、目からウロコが落ちるような気分でした。

一人さんは、

「そうだよ、みっちゃん先生」

と、やさしくうなずき、続けてこういいました。

オレから見ると、みっちゃん先生は、人のことをほめるのが上手なんだよ。陽の当たってないとこに、一生懸命、光を当ててるな、って見えるんだよ。

みっちゃん先生は、それをオレがそうしむけたっていってるけど、そうじゃない。みっちゃん先生は、お姉ちゃんと比較されて、周りからほめられてなかったからなんだよ。そこへ、ほめグセのあるオレが、うっかりほめちゃったから、うれしかったんだよ。

いつも、人からほめられてる人は、そう思わないよ。自分ががんばったから、ほめられた、なんだよ。がんばったときに、ほめられるのって、当たり前なんだよ。

みっちゃん先生は、自分は全然がんばってないのにオレがほめてくれた、っていってくれたよね。キミは、がんばってなくても、ほめてくれる人がいるという、そのうれしさを知ってるんだよ。それってどうしてですかって、ほめられてなかったからなんだよ。

だから、世間的にエライことしてるわけでもない人のことを、

「エライね、がんばってるね」

って、ほめてあげられるの。それで、それが愛の前払い人生なんだよ。

そういう生き方しているとね、誰にもねたまれなくて、みんなに好かれて、仕事の成功と人生の成功、魂的な成功、全部がもらえるんだよね。

だから、何もないから成功者になれない、自分は負け組だ、じゃないの。

何もない人間が動き出したとき、全部の成功が手に入るんだよ！


手前味噌な話を本に載せてしまってスミマセン。ですが、今、私は、今の自分だけでなく、おミソで落ちこんでばかりいた自分をほめてあげたいと思っています。

そうすれば、ほめさせてもらった人の心の灯も、もっと大きくなるからです。ダメ人間と自分で思い込んでいる人より、

「自分で自分の人生を歩くんだ」

と胸をはっている人からほめられたほうが、うれしいですモンね。

そして、会う人すべてに愛のある言葉をかける。ほめて、ほめて、ほめ尽くす、そんな人生を送りたいと思っています。

師匠の一人さんに対する恩返しは、そういう形でしかできないと私は思うからです。また、そうすることで、ウサギの成功法則の実践ジャーがひとり、また、ひとりと、出てきてくれると、私は信じています。

なぜって、私も、あなたと同じウサギですから……。

あなたに、すべてのよきことが、なだれのごとく起きます！

一人さんから、現在の「みっちゃん先生」について

早いもので、みっちゃん先生が事業家になってから、一八年以上もの歳月が過ぎました。現在のみっちゃん先生は、東京・江戸川区の高額納税者番付でおなじみの顔となり、大勢の人に働く場所を提供している経営者です。

引っ込み思案な女の子だった頃のみっちゃん先生しか知らない人が、堂々と胸を張って商売をし、生きている現在の彼女を見たら、十中八九、ビックリたまげますよ。

ただし、みっちゃん先生の、人にいばらなくて、誰にでもやさしいところは、今もって変わりません。というか、段々、磨きがかかっているような気が、私はしています。

学生の頃はコンプレックスがあったようですが、だからこそ彼女は人の気持ちを大切にしたがります。

仲間の社長たちだろうが、自分の会社の社員・特約店さんに対してだろうが、コン

ビニの店員さんだろうが、誰かれなく、相手の心の声に一生懸命、耳を傾けようとし、心が喜ぶことをやってあげる。

だから、みっちゃん先生はみんなに好かれるんだと思います。

だから、みんなが、みっちゃん先生のために何かをやってあげようと思ってしまう。

生きているといろいろあるけれど、人生で起きたことに無駄なものは何ひとつない。どんなにつらいこと、嫌なことでも、自分の宝にできる。

そのことを実践して見せてくれた、みっちゃん先生に、私は心から感謝しています。

ありがとう、みっちゃん先生！

ひとり

斎藤一人さんの公式ホームページ

http://www.saitouhitori.jp/

一人さんが毎日あなたのために、ついてる言葉を、日替わりで載せてくれています。愛の詩も毎日更新されます。ときには、一人さんからのメッセージも入りますので、ぜひ、遊びにきてください。

お弟子さんたちの楽しい会

♥斎藤一人　大宇宙エネルギーの会 ― 会長　柴村恵美子
恵美子社長のブログ　http://ameblo.jp/tuiteru-emiko/
恵美子社長のツイッター　http://twitter.com/shibamura_emiko
PC　http://www.tuiteru-emi.jp/ue/
携帯　http://www.tuiteru-emi.jp/uei/

♥斎藤一人　感謝の会 ― 会長　遠藤忠夫
http://www.tadao-nobuyuki.com/

♥斎藤一人　天国言葉の会 ― 会長　舛岡はなゑ
http://www.kirakira-tsuyakohanae.info/

♥斎藤一人　人の幸せを願う会 ― 会長　宇野信行
http://www.tadao-nobuyuki.com/

♥斎藤一人　楽しい仁義の会 ― 会長　宮本真由美
http://www.lovelymayumi.info/

♥斎藤一人　今日はいい日だの会 ― 会長　千葉純一
http://www.chibatai.jp/

♥斎藤一人　ほめ道 ― 家元　みっちゃん先生
http://www.hitorisantominnagaiku.info/

♥斎藤一人　今日一日奉仕のつもりで働く会 ― 会長　芦川勝代
http://www.maachan.com

一人さんよりお知らせ

今度、私のお姉さんが千葉で「一人さんファンの集まるお店」（入場料500円）というのを始めました。

コーヒー無料でおかわり自由、おいしい“すいとん”も無料で食べられますよ。

もちろん、食べ物の持ち込みも歓迎ですよ。

みんなで楽しく、一日を過ごせるお店を目指しています。

とてもやさしいお姉さんですから、ぜひ、遊びに行って下さい。

行き方：JR千葉駅から総武本線・成東駅下車、徒歩7分
住所：千葉県山武市和田353-2　　**電話**：0475-82-4426
定休日：月・金
営業時間：午前10時～午後4時

一人さんファンの集まるお店

全国から一人さんファンの集まるお店があります。みんな一人さんの本の話をしたり、CDの話をしたりして楽しいときを過ごしています。近くまで来たら、ぜひ、遊びに来て下さい。ただし、申し訳ありませんが一人さんの本を読むか、CDを聞いてファンになった人しか入れません。

住所：東京都江戸川区松島3-6-2　　**電話**：03-3654-4949
営業時間：朝10時から夜6時まで。年中無休。

各地の一人さんスポット

ひとりさん観音：瑞宝山　総林寺
北海道河東郡上士幌町字上士幌東4線247番地　☎01564-2-2523
ついてる鳥居：最上三十三観音第二番　山寺千手院
山形県山形市大字山寺4753　☎023-695-2845

観音様までの楽しいマップ

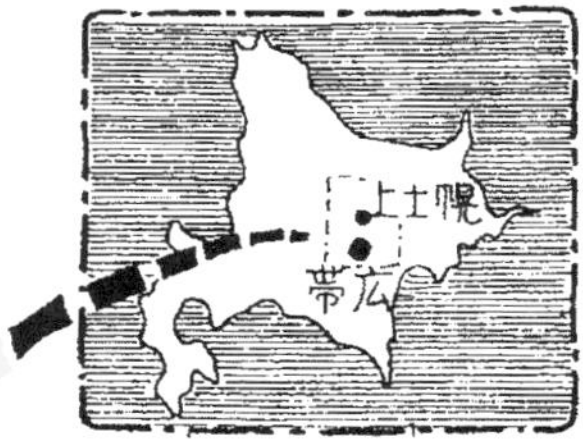

① 愛国⟷幸福駅

『愛の国から幸福へ』この切符を
手にすると幸せを手にするといわれ
スゴイ人気です。ここでとれるじゃがいも
野菜・etcは幸せを呼ぶ食物かも!
特にとうもろこしのとれる季節には、
もぎたてをその場で茹でて売っている
こともあり、あまりのおいしさに
幸せを感じちゃいます。

② 十勝ワイン(池田駅)

ひとりさんは、ワイン通といわれています
そのひとりさんが大好きな十勝ワイン
を売っている十勝ワイン城があります
★十勝はあずきが有名で『赤い宝石』
と呼ばれています。

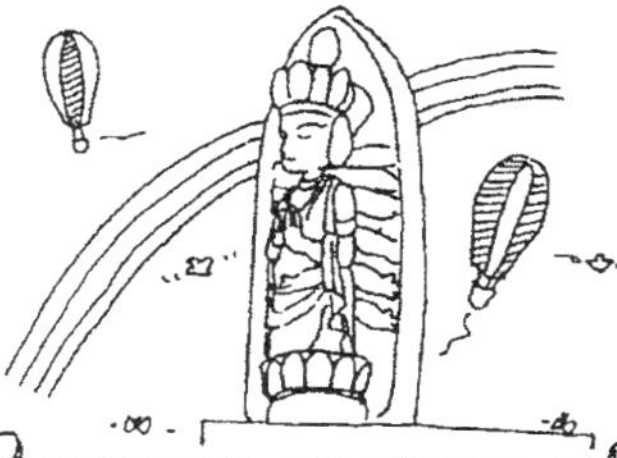

★観音様

ひとりさんの寄付により、夜になると
ライトアップして、観音様がオレンジ色
に浮かびあがり、幻想的です。
この観音様は、一人さんの弟子の1人
である柴村恵美子さんが建立しました。

③ 上士幌

上士幌町は柴村恵美子が生まれた町。
そしてバルーンの町で有名です。8月
上旬になると、全国からバルーンミスト
が大集合。様々な競技に腕を競い
合います。体験試乗もできます。
ひとりさんが安全に楽しく気球
に乗れるようにと願いを込めて
観音様の手に気球をのせています。

④ ナイタイ高原

ナイタイ高原は、日本一広く大きい牧場
です。牛や馬、そして羊もたくさんいちゃうのヨ。
そこから見渡す景色は雄大で感動!!
の一言です。ひとりさんも好きなこの場所
は行ってみる価置あり。
牧場の一番てっぺんにはロッジがあり
ます(レストラン有)。そこでジンギスカン
焼肉・バーベキューをしながらビールを
飲むとオイシイヨ!とってもハッピーになれ
ちゃいます。それにソフトクリームがメーチャ
オイシイ。2ケはいけちゃいますヨ。

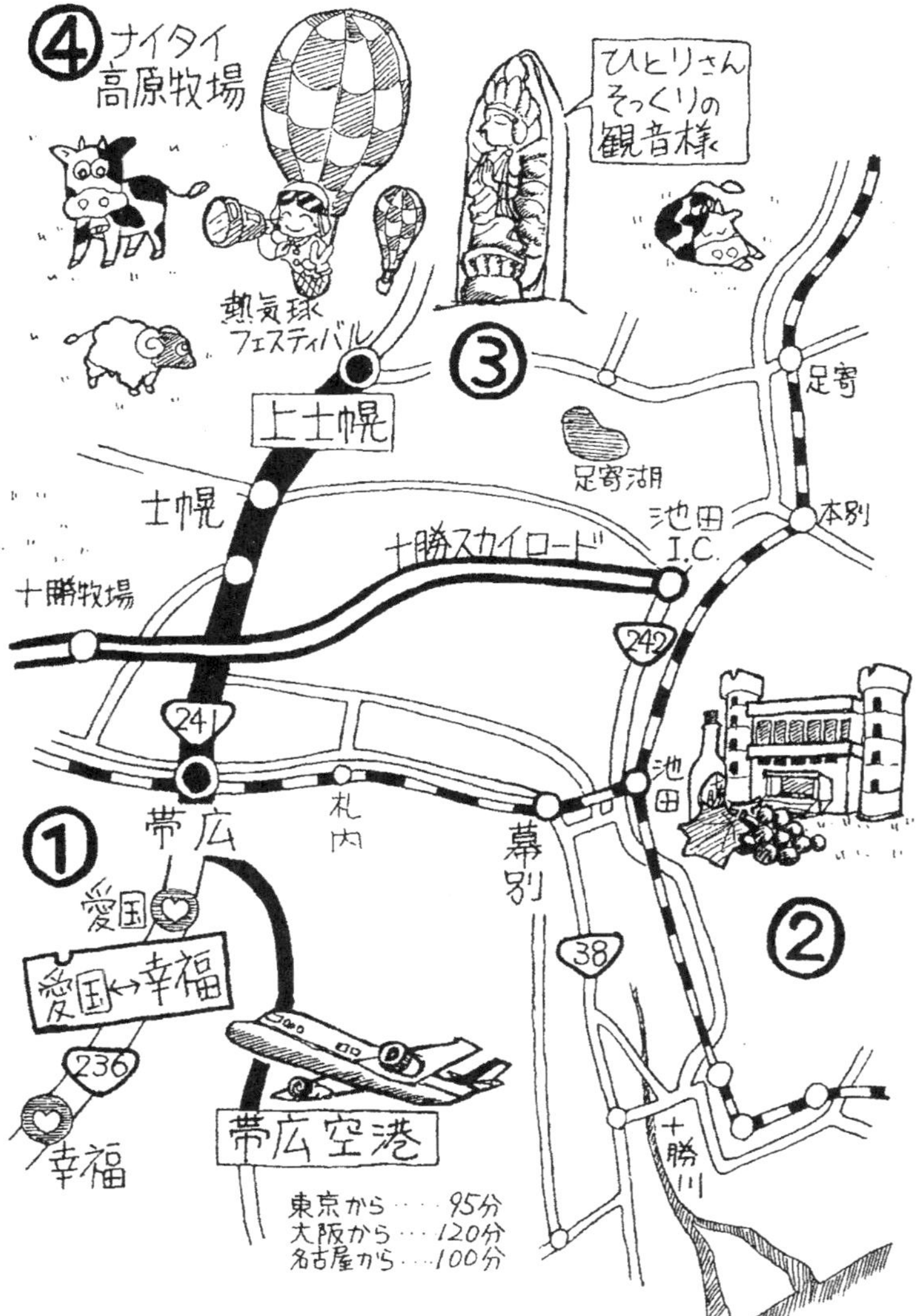

④ナイタイ高原牧場
熱気球フェスティバル
ひとりさんそっくりの観音様
③
上士幌
足寄
足寄湖
士幌
池田I.C.
本別
十勝スカイロード
十勝牧場
242
241
池田
帯広
札内
幕別
①
愛国
愛国↔幸福
②
38
236
幸福
帯広空港
十勝川
東京から……95分
大阪から……120分
名古屋から……100分

千葉県に
ひとりさん観音が…
できましたよ!!

合格祈願にぜひどうぞ!!

ひとりさんが親しくさせていただいている蔵元・
寺田本家の中に、ご好意で『ひとりさん観音』
をたててくれました。
朝8時から夕方5時までお参りできますよ。
近くまできたら、たずねて下さいね。
合格祈願・家内安全・良縁祈願・
恋愛成就に最適ですよ。
お賽銭はいりませんよ。

住所：千葉県香取郡
神崎町神崎本宿
1964
電話：0478(72)2221

観音参りした人だけ買えるお酒〔4合びん／1522円(税込)〕です。

ひとりさんの楽しいドライブコース

成田インターでおりて

→(20分) 滑河観音 →(10分) 蔵元・寺田本家

→(5分) 喫茶「ゆうゆう」 →(20分) 香取神宮

→(5分) 香取インターで高速にのる

蔵元・寺田本家

- 成田インターから車で25分
- JR神崎駅から徒歩20分

喫茶「ゆうゆう」

住所：千葉県神崎町大貫131−3

電話：0478(72)3403

定休日：木曜日

『斎藤一人流　すべてうまくいくそうじ力』

舛岡はなゑ 著

（ＫＫロングセラーズ刊　一六〇〇円＋税）

いらないモノ、はなゑちゃん、山ほどためてるだろ。
それ全部、捨てな。
つべこべいってないで、とっとと捨てな、って——。
ちょっとでも捨てだすと、それだけでも
人生、違ってくるから。

斎藤一人

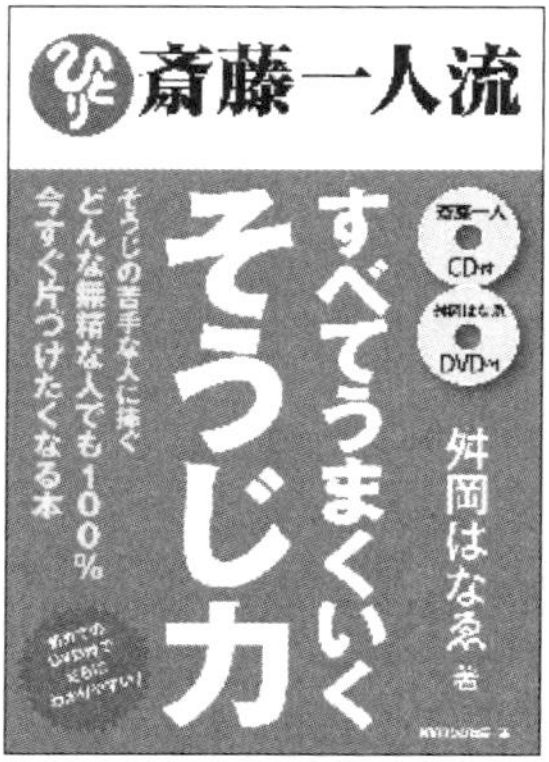

〈ＣＤ・ＤＶＤ付〉

『斎藤一人　すべてがうまくいく上気元の魔法』

斎藤一人著

（ＫＫロングセラーズ刊　一五〇〇円＋税）

私は「上気元の奇跡」をずっと起こしてきたんです。
生涯納税額日本一になれたのも、いつも「上気元」でいたから
「上気元の奇跡」が起きたんだと思うんです。
私は、これからもずっと「上気元」でいます。
このことを知ってしまうと、もったいなくて、もう不機嫌にはなれません。

斎藤一人

〈ＣＤ付〉

『斎藤一人　奇跡連発 百戦百勝』

舛岡はなゑ 著　（KKロングセラーズ刊　一五〇〇円＋税）

わたしにとって一番の、最大の謎は、わが師匠・斎藤一人さん。

出会った当初から一人さんは不思議な人だったけれど、弟子になって長い間ずっとそばにいてもなお一人さんは謎のかたまりで、ホントにとっても不思議な人です。

それも、ただの不思議じゃない、そんじょそこらの代物とは全然まったく違う。

わたしは、そのことを、どうしてもいいたくて、いいたくて、しょうがありませんでした。

この際、思いっきり一人さんの不思議なことを書いちゃおう！

そう決定した次第です。

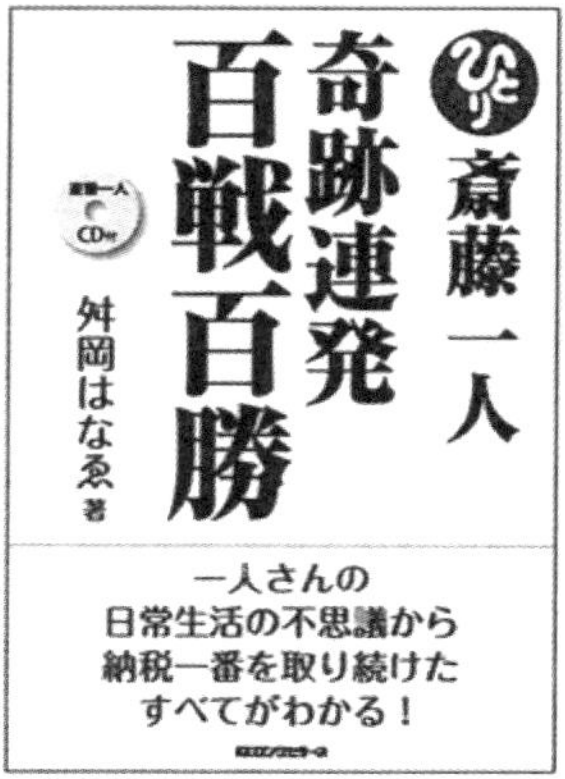

〈CD付〉

『斎藤一人　こんな簡単なことで最高の幸せがやってくる』

一人さんのお姉さん著

（ＫＫロングセラーズ刊　一四〇〇円＋税）


私は千葉の成東という町で、「一人さんファンの集まる店」を始めました。

いま、私は、いままでの人生の中で、最高に幸せです。

毎日、たくさんの人とお話したり、笑ったり。

お店に来てくださる方々から、

「一人さんって子どもの頃、どんなお子さんだったのですか？」

「お姉さんは、いままでどんな人生を歩んできたんですか？」

と質問されることがよくありました。

そこで、私なりに、いままでの人生をふりかえってみようと思いました。

この本を書くことで、我が弟、斎藤一人さんと、私の歩んできた人生を、少しでも伝えられたら嬉しいです。

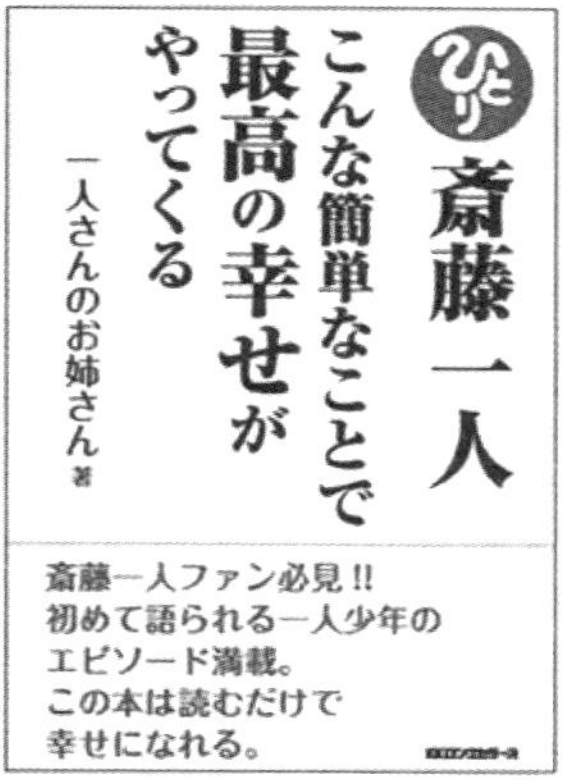

『斎藤一人　成功脳』

斎藤一人著

（ＫＫロングセラーズ刊　一四〇〇円＋税）

本来、自分に自信のない人は、

「オレにはできないけど、脳にはできる！」

そう言っていればいいんです。

一人さんのお弟子さんたちも、最初はみんなね、「私たち、社長になれるかしら？」って言ってたんです。だからオレは、

「なれる。あなたにはできないけど、あなたの脳にはできる！」

そう言ってたら、ホントに全員社長になれました。

だからね、何か商売していて大変でもね、

「オレにはできないけど、脳にはできる！」

そう言い続けてください。

斎藤一人

〈CD付〉

『斎藤一人　愛される人生』

斎藤一人著（KKロングセラーズ刊　一六〇〇円＋税）

人は愛することも大切だけど、愛される人生を送ることがとても大切。

愛するだけならストーカーでもできるけど、愛される人生を送るには、愛されるような行為が必要。

これからは、愛される人生がしあわせのキーワード。

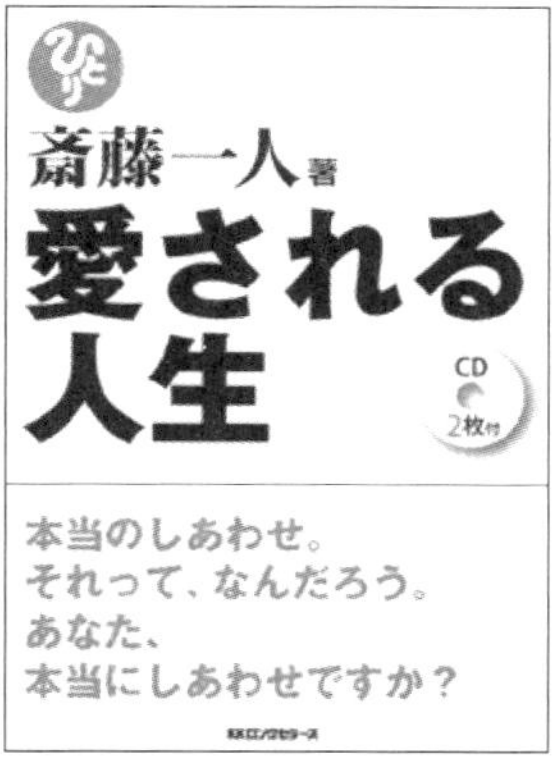

〈CD2枚付〉

斎藤一人

『斎藤一人　絶好調』

斎藤一人著

（KKロングセラーズ刊　一五〇〇円+税）

この本は、グランドプリンスホテル「飛天の間」で、パーティーを開いたとき、話したものです。当日は、「飛天」始まって以来の大盛況で、会場に入りきれない人が何百人と出たほどのにぎわいでした。

講演の内容は、お弟子さんたちの「斎藤一人さんの教え」と、私の「幸せのなり方」「病気の治し方」「霊の落とし方」「仕事の話」「人生はドラマだ」と、盛りだくさんです。

この話は、私がみなさんにどうしても伝えたい内容です。
ぜひ、何度も、読んで（聞いて）ください。
一生、あなたのお役に立つと確信しています。

斎藤一人

〈CD2枚付〉

『斎藤一人　幸せの道』

斎藤一人著

（ＫＫロングセラーズ刊　一五〇〇円＋税）

遠くに幸せを求めないでください。
遠くに幸せを求めると、
ほとんどの人が行き着きません。
苦しくなるだけです。
それより、
今の自分の幸せに気がついてください。

斎藤一人

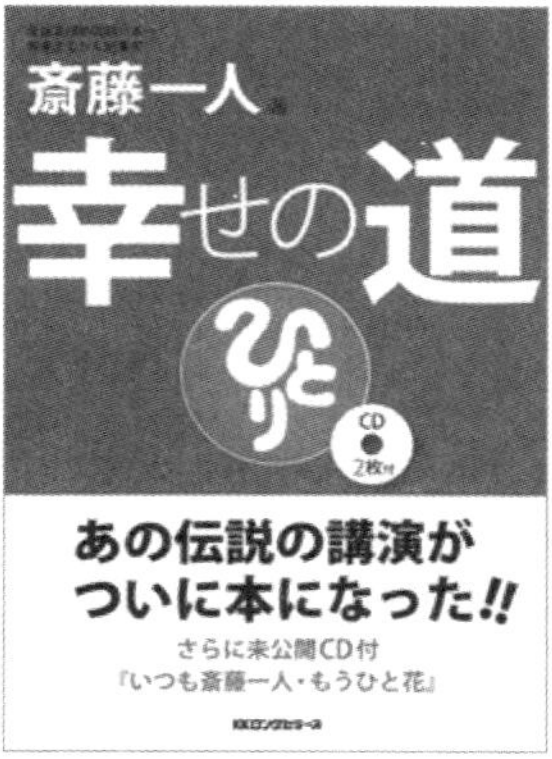

〈CD2枚付〉

『斎藤一人おすすめ　明日に向かって』

福田 博著

（ＫＫロングセラーズ刊　一四〇〇円＋税）

私が地方のある街を歩いていると、やっているかいないかわからないような喫茶店がありました。

その店を見たとき、私はどうしてもこの店に入らなければいけないという気持ちにさせられました。しかし、店の中に入ると、そこには誰もおらず、大きな声で「すいませーん、こんにちは」と、何度叫んでも、誰一人出てきません。

五分ぐらいすると、店のマスターらしき男性が現れ、だまってコーヒーをたててくれました。「お客さんは、旅の人ですね」と言ったあと、語り始めた衝撃の物語に、私は強く心をうたれました。

あなたも、ぜひ、この物語をご覧ください。

斎藤一人

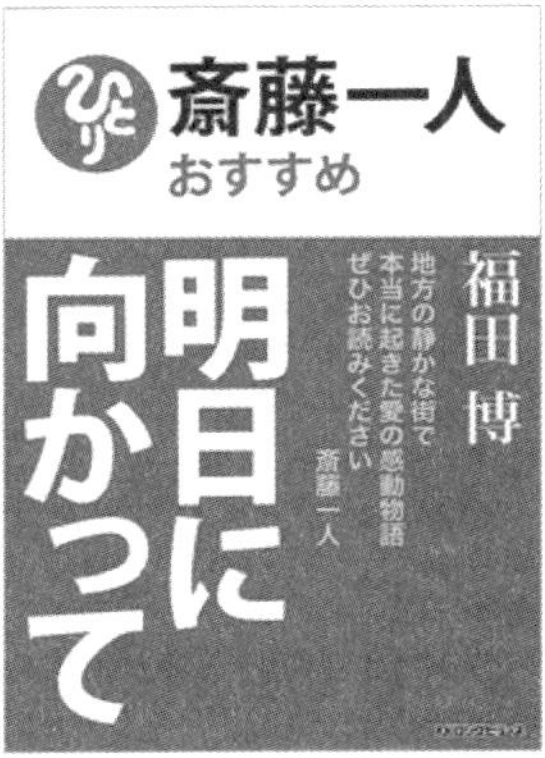

『斎藤一人　大宇宙エネルギー療法　感動物語』

柴村恵美子著

（ＫＫロングセラーズ刊　一五〇〇円＋税）

恵美子さん、出版おめでとうございます。

本当にステキな本ができましたね。

恵美子さんが無償の愛のボランティアで、エネルギー療法を広めてくれていることは、普段からとても感謝しています。

こういう本を書くと、宗教と間違えられたり、霊感商法と誤解されることもあるのに、勇気を持って出版してくれた恵美子さんに、心から感謝します。

そして、多くの体験談を寄せてくれた皆様にも、心から感謝いたします。

また、今も忙しい中、ボランティアでエネルギー療法をしてくださっている全国の療法師の皆様に、心から感謝いたします。

こんなステキな人達に出逢わせてくれた神様に、心から感謝いたします。

斎藤一人

〈CD付〉

『斎藤一人　笑って歩こう 無敵の人生』

芦川政夫著

（KKロングセラーズ刊　一四〇〇円＋税）

私の人生はまったくツイていませんでした。
そんな私が一人さんと出会って、変わったのです。
幸せになれたのです。
この本を読んでくださる方が、幸せになれないわけがありません。
あれだけツイていなかった私が言うんだから、間違いないのです。

芦川政夫

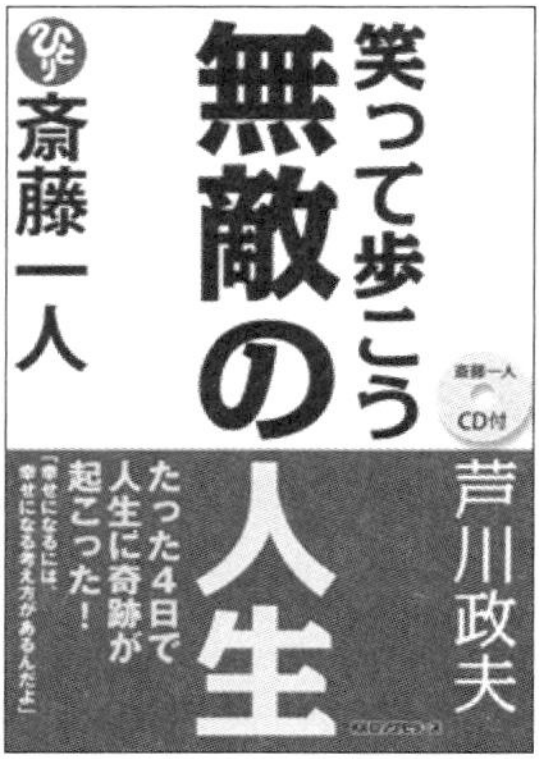

〈CD付〉

『斎藤一人　愛は勝つ』
大信田洋子著
（ＫＫロングセラーズ刊　一五〇〇円＋税）

こんなに、すごい人たちが、
まるかんを支え、
私を支えてくれているんだ、
と、思っただけで、胸が熱くなります。
この人たちを、私のもとへ連れてきてくれた
神さまに、心から感謝します。

斎藤一人

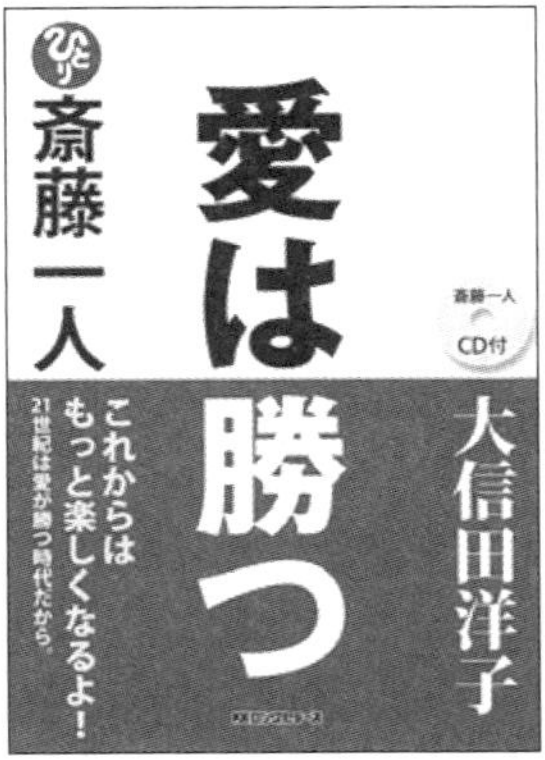

〈ＣＤ付〉

『納税日本一億万長者が語る　運命は変えられる』

（ＫＫロングセラーズ刊　一五〇〇円＋税）

斎藤一人 著

この本には、一生のうち一回しか聞けないような話が書いてあります。

この話を聞いてしまった人は、仕事や人間関係、健康、この世で起きるありとあらゆる問題・悩みをものの見事に解決できます。

ただし、この話を信じてくれる人は少ないです（笑）。

信じたくない人は信じなくても全然かまいません。でも、私自身はかなりの自信をもっています。

どうぞ、楽しんでお読みください。

斎藤一人

〈CD付〉

『斎藤一人 この不況で損する人 この不況で得する人』

斎藤一人 著

（KKロングセラーズ刊 一五〇〇円＋税）

私は商人なんですけれど、ふだんは、あまり経済の話をしないんです。

お弟子さんたちに話すことの大半は、しあわせのこと、魂的なことなのですが、ふと、

「あ、これは教えておかないといけないな」

と思って、経済のことを話す機会がたまにあります。

二〇〇九年が明けたときも、私はそう思って、お弟子さんたちをはじめ、まるかんの人たちに、

「日本と世界の経済は、これから、こうなりますよ。だから、こういうことをするといいよ」

という話をしました。

その録音MDを活字に書き起こしたのが本書です。

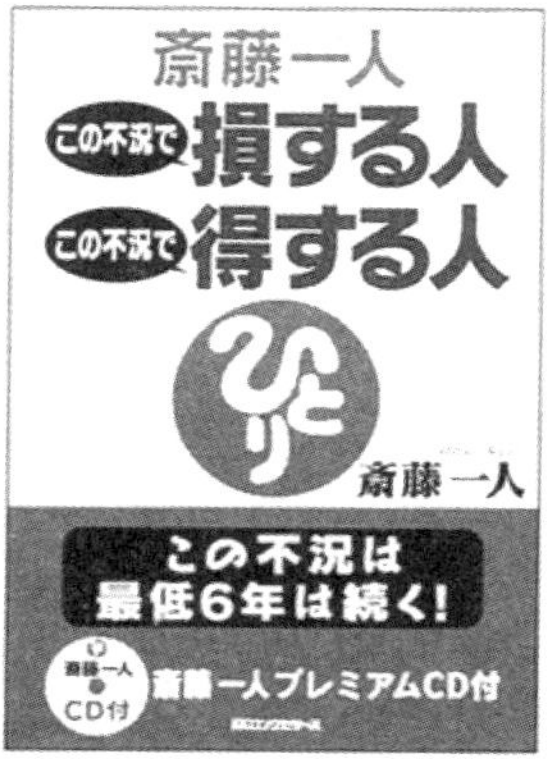

学生さん、主婦の方、定年退職した方にとっても、もちろん、仕事をしている方にとっても、役に立ついい話だと、私自身は思っています。

ただし、この本に書いてあることを信じるかどうかは、あなたの自由です。

どうぞ肩の力を抜いて、気楽にページをめくってみてください。

斎藤一人

〈CD付〉

『斎藤一人　地球が天国になる話』

斎藤一人 著

（ＫＫロングセラーズ刊一五〇〇円＋税）

この本は私の「地球が天国になる話」というＣＤをおこして本に作り上げたものです。

話言葉を一部直しただけでそのまま本にしてありますから、少し読みづらいかもしれませんが、お許しください。

本を読む前にＣＤを落ち着いた所で聞いてください。

地球が天国になる話というＣＤを必ず先に聞いてください。その次にもう一つのＣＤを聞いてください。

きっと明日からこの地球が天国に変わりますよ。

斎藤一人

〈ＣＤ２枚付〉

『斎藤一人　大宇宙エネルギー療法』
柴村恵美子 著
（ＫＫロングセラーズ刊　一五〇〇円＋税）

一人さんが教えてくれた秘伝の癒しの療法

「この宇宙には癒しの波動があります。無償の愛からなるエネルギーがあるんです。
この宇宙エネルギーをもらうと、人は元気になる。心もからだも健康でいられるんだ。
人間には、元々そういう力が備わっている。やり方を知ると、誰でもできるんです」

◎遠隔で宇宙エネルギーを送ってもらったら
　耳の痛みが消えた！　寝込んだ人が起きあがった！
◎子どもの頃のトラウマをひきずって子育てをしていた私
　今、私たち親子は幸せです
◎脳卒中で片マヒの私を救ってくれた大宇宙エネルギー療法
◎借金苦、夫の「うつ」、息子の家出ｅｔｃ
　一家離散の危機から救ってくれた大宇宙エネルギー療法

〈CD付〉

『斎藤一人絵本集1 こうていペンギンはなぜ生きのこったか!?』

作／斎藤一人・絵／宮本真由美

（KKロングセラーズ刊　一〇〇〇円＋税）

いつも明るく元気で肯定的な〝こうていペンギンくん〟。
いつもグチや悪口や文句ばかり言っている〝ひていペンギンくん〟。
さて、幸せなペンギン王国を作ったのはどちらでしょうか。

〈CD付・親子関係の悩みについて〉

『斎藤一人　成功する人くさる人』

「寺田本家」23代目当主　寺田啓佐　著

（ＫＫロングセラーズ刊　一四〇〇円＋税）

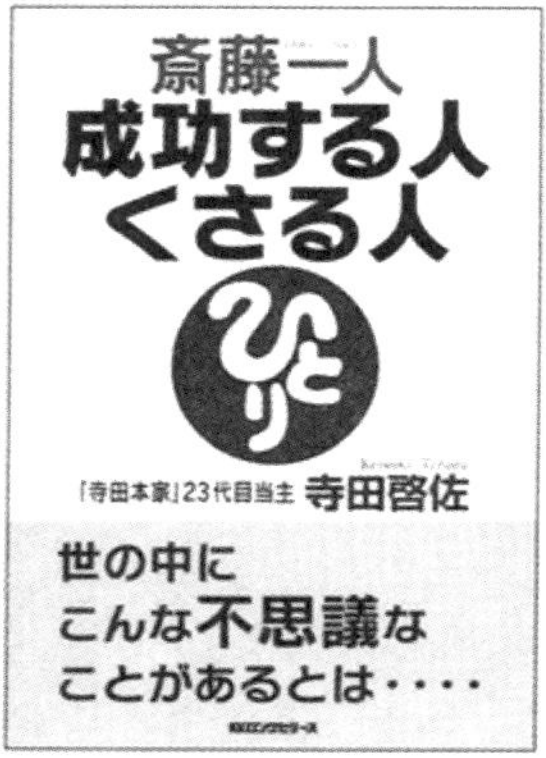

世の中にこんなに不思議なことがあるとは……

斎藤一人

一人さんが教えてくれた〝人生の成功法則〟

それは、あたかも蔵つきの微生物が独りでにはたらいて酒を醸すがごとく、目に見えない不思議な力、他力でもって自分の実力以上の成功が醸し出されていくものです。

『斎藤一人　天才の謎』

遠藤忠夫 著

（ＫＫロングセラーズ刊　一三〇〇円＋税）

出版おめでとうございます。

私のお弟子さんの中でいちばん最後の出版になってしまいましたけれど、いつも「私がいちばん最後でいいですよ」と言って、みんなを先に行かせてあげた忠夫ちゃんの気持ちが天に通じたような、いい本ができあがりましたね。

一人さんも本当にうれしいです。

これからも長いつきあいになると思います。

よろしくお願いします。

斎藤一人

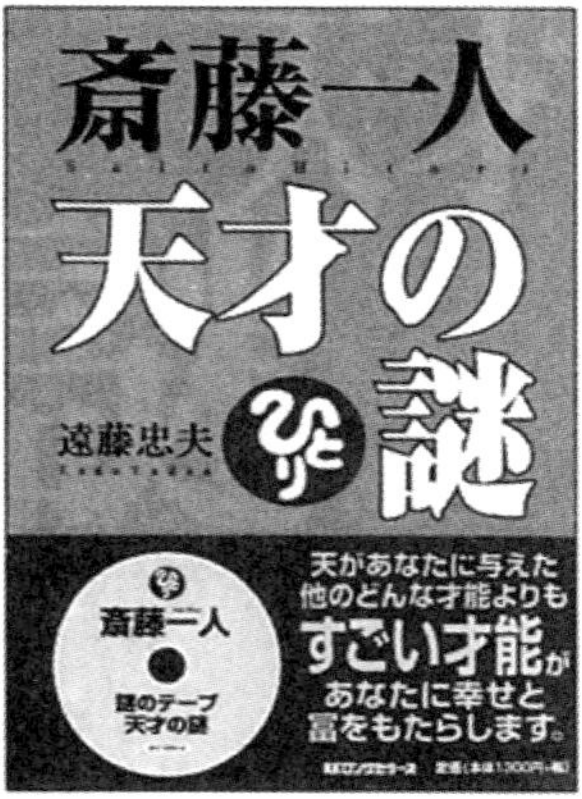

〈ＣＤ付〉

『斎藤一人　億万長者論』

宮本真由美 著

（KKロングセラーズ刊　一四〇〇円＋税）

真由美ちゃん、出版おめでとうございます。
真由美ちゃんらしい、明るく楽しい本になりましたね。
身近な話題が、読んだ人に次々と奇跡を起こしそうですね。
本当に、楽しい本をありがとうございます。

斎藤一人

〈CD2枚付〉

『斎藤一人　黄金《おうごん》の鎖《くさり》』

宇野信行 著

（ＫＫロングセラーズ刊　一三〇〇円＋税）

いつもやさしく、ニコニコしているのぶちゃんが、こんな素敵な本を出してくれたことを、とてもうれしく思います。

この本を読んだ人たちは、のぶちゃんから勇気をもらって、「幸せだ、幸せだ」と言いながら毎日楽しく歩いてくれますね。

そして、幸せを手に入れて喜んでいる顔が目にうかびます。

のぶちゃん、ほんとうにいい本をありがとうございます。

斎藤一人

〈ＣＤ付〉

『斎藤一人　だれでも歩けるついてる人生』

千葉純一 著

（ＫＫロングセラーズ刊　一三〇〇円＋税）

あのヒョーキンで明るくていつも人を笑わせていたジュンちゃんが、こんな立派な本を出版するなんて、とても初めて会った時には考えられませんでした。人の運勢というものはまったくわからないけれど、何となく楽しくてウキウキするものなんですね。

きっとジュンちゃんはウキウキワクワクしながら、困難に挑戦して仕事の成功をつかんだのだと思います。

また、その成功の仕方を、惜しげもなく本に書いてくれたジュンちゃん、バンザイ！

斎藤一人

〈ＣＤ付〉

『斎藤一人とみっちゃん先生が行く』

みっちゃん先生 著

（ＫＫロングセラーズ刊　一三〇〇円＋税）

気の弱い人が気の強い人に勝つ方法があった。
学歴のない人が学歴の高い人に勝つ方法があった。
まさに「うさぎがトラに勝つ必勝法」がここに書かれてあります。
私が絶対に読んでほしい本です。

斎藤一人

〈ＣＤ付〉

斎藤一人さんのプロフィール

斎藤一人さんは、銀座まるかん創設者で納税額日本一の実業家として知られています。

1993年から、納税額12年間連続ベスト10という日本新記録を打ち立て、累計納税額も、発表を終えた2004年までで、前人未到の合計173億円をおさめ、これも日本一です。

土地売却や株式公開などによる高額納税者が多い中、納税額はすべて事業所得によるものという異色の存在として注目されています。土地・株式によるものを除けば、毎年、納税額日本一です。

１９９３年分――第４位	１９９９年分――第５位
１９９４年分――第５位	２０００年分――第５位
１９９５年分――第３位	２００１年分――第６位
１９９６年分――第３位	２００２年分――第２位
１９９７年分――第１位	２００３年分――第１位
１９９８年分――第３位	２００４年分――第４位

また斎藤一人さんは、著作家としても、心の楽しさと、経済的豊かさを両立させるための著書を、何冊も出版されています。主な著書に『絶好調』、『幸せの道』、『地球が天国になる話』（当社刊）、『変な人が書いた成功法則』（総合法令）、『眼力』、『微差力』（サンマーク出版）、『千年たってもいい話』（マキノ出版）などがあります。その他、多数すべてベストセラーになっています。

《ホームページ》http://www.saitouhitori.jp/

一人さんが毎日あなたのために、ついてる言葉を、日替わりで載せてくれています。ときには、一人さんからのメッセージも入りますので、ぜひ遊びにきてください。

〈編集部注〉

読者の皆さまから、「一人さんの手がけた商品を取り扱いたいが、どこに資料請求していいかわかりません」という問合せが多数寄せられていますので、以下の資料請求先をお知らせしておきます。

フリーダイヤル 0120-497-285

斎藤一人とみっちゃん先生が行く

著　者　みっちゃん先生
発行者　真船美保子
発行所　KK ロングセラーズ
東京都新宿区高田馬場 2-1-2　〒 169-0075
電話（03）3204-5161（代）　振替 00120-7-145737
http://www.kklong.co.jp

印　刷　太陽印刷工業（株）　製　本　（株）難波製本

落丁・乱丁はお取り替えいたします。
※定価と発行日はカバーに表示してあります。

ISBN978-4-8454-0916-7 C0270　Printed In Japan 2012